高校体育教学多种模式研究

吴鹏 马可 李晓明 著

延邊大學出版社

图书在版编目（CIP）数据

高校体育教学多种模式研究 / 吴鹏，马可，李晓明著. -- 延吉：延边大学出版社，2023.5
ISBN 978-7-230-04858-3

Ⅰ.①高… Ⅱ.①吴… ②马… ③李… Ⅲ.①体育教学－教学研究－高等学校 Ⅳ.①G807.4

中国国家版本馆CIP数据核字(2023)第081858号

高校体育教学多种模式研究

著　　者：吴　鹏　马　可　李晓明
责任编辑：金钢铁
封面设计：文合文化
出版发行：延边大学出版社
社　　址：吉林省延吉市公园路977号　　邮　编：133002
网　　址：http://www.ydcbs.com
E-mail：ydcbs@ydcbs.com
电　　话：0433-2732435　　　　　　　传　真：0433-2732434
发行电话：0433-2733056
印　　刷：三河市嵩川印刷有限公司
开　　本：787 mm×1092 mm　1/16
印　　张：10.25　　　　　　　　　　　字　数：200千字
版　　次：2023年5月　第1版
印　　次：2023年5月　第1次印刷
ISBN 978-7-230-04858-3

定　　价：68.00元

前　　言

体育教学历史悠久，古已有之。随着人类社会的发展，体育教学经历了一个不断充实、完善的过程。如今，体育教学越来越受到人们的重视，在社会中发挥着越来越重要的作用。各国先后对体育教学的内容、教材和教法展开了探索与改革。

随着时代的进步与发展，我国教育水平也在不断提升。在"全民健身"战略的号召下，我国大部分学校对学生的体育教学与发展更加重视，体育教学也随之得到了一定的发展和进步。随着体育教育水平的提升，体育教育工作者逐步认识到运动训练与体育教学之间的紧密联系：运动训练与体育教学是相辅相成的，只有将运动训练与体育教学合理地结合才能够保障体育教学的有效性，进而保障教学质量与水平。

本书首先从教育理论分析入手，对教学的创新给出方向指导。对自主合作模式、俱乐部、信息化等多种体育教学模式做出具体介绍，分析了这些体育教学模式的内涵与特征，以期为高校体育教学模式改革提供参考。

目 录

第一章 高校体育教学基础理论 ·· 1
- 第一节 高校体育教学理论概述 ·· 1
- 第二节 高校体育的课程目标与教学目标 ································ 8
- 第三节 高校体育教学的原则 ·· 12
- 第四节 当代高校体育教学理念的发展 ·································· 15
- 第五节 高校体育教学创新发展策略 ···································· 21

第二章 高校体育课程教学内容及发展 ···································· 27
- 第一节 体育课程教学内容基本理论概述 ································ 27
- 第二节 体育教学内容的结构 ·· 29
- 第三节 高校体育课程资源的选择与开发利用 ··························· 35
- 第四节 高校体育隐性课程与校本课程的科学开发 ······················ 38
- 第五节 体育课程教材的合理选编 ······································· 47
- 第六节 体育课程教学内容的优化与发展 ································ 51

第三章 高校体育项目教学模式探索 ······································ 54
- 第一节 武术套路在高校体育教学中的创新模式 ························ 54
- 第二节 技击运动在高校民族传统体育教学中的创新模式 ·············· 59
- 第三节 舞龙舞狮运动在高校体育教学中的创新模式 ··················· 67

第四章 高校体育自主教学与合作教学模式 ································ 72
- 第一节 高校体育自主教学模式 ··· 72
- 第二节 高校体育合作教学模式 ··· 80

第五章　高校体育俱乐部教学模式 ·· 89
第一节　高校体育俱乐部教学模式概述 ·· 89
第二节　高校体育俱乐部教学模式的应用 ·· 99
第三节　高校体育俱乐部教学模式的构建 ······································· 103
第四节　高校体育俱乐部教学模式的创新 ······································· 108

第六章　高校体育信息化教学模式 ·· 115
第一节　高校体育多媒体网络教学 ··· 115
第二节　高校体育教学中的信息化技术应用 ···································· 120
第三节　高校体育微格教学 ··· 123

第七章　创新高校体育教育模式："运动教育模式" ································· 139
第一节　"运动教育模式"的基本理论 ·· 139
第二节　"运动教育模式"的学科理论基础 ······································ 143
第三节　"运动教育模式"与高校体育教学 ······································ 145
第四节　"运动教育模式"的SWOT分析 ·· 149
第五节　"运动教育模式"的构建及应用注意事项 ······························· 154

参考文献 ·· 156

第一章 高校体育教学基础理论

第一节 高校体育教学理论概述

一、高校体育教学基本理论

（一）教学的概念

早在我国商朝的甲骨文中就已经出现了"教"字，也有了"学"字。到 20 世纪初，人们才对教师的"教"重视起来。新中国成立后，随着苏联教育家凯洛夫的著作在我国被翻译介绍，教学内涵又发生了新的变化。教和学是同一过程的两个方面，彼此不可分割地联系着。

（二）高校体育教学的理念

体育课程的定位，着眼于新世纪人才的素质需求，注重以人为本，强调以学生的学习、发展为教学的中心，以"健康第一"作为教学的指导思想。体育教学以学生的学习和发展为本，教学过程中，要求学生进行主动学习，倡导学生主动参与、乐于探究、勤于动手，培养学生体育能力和进行体育锻炼的良好习惯，树立终身运动意识。教师在教学过程中的主要作用是引导，帮助学生学习体育课程知识、运动方法和动作技术。突出学生在课堂教学中的主体地位，重视教师的引导作用，在教学过程中为完成共同的教学任务、实现共同的教学目标而进行知识技能的传授、研究和探索。

体育教学要在继承与发扬传统体育教学成功经验基础上，确立知识与技能，过程与方法，情感态度与价值观三个维度的整合。体育教学应加强课程内容与学生生活、现代社会、科技发展的联系，让课程回归现实生活。体育教学应注重理论与实践的结合，体育运动与健身方法的结合，强调体育锻炼与日常生活的融合，使学生掌握体育学习方法，培养体育锻炼的习惯，养成终身参与体育运动的意识。

（三）高校体育教学的指导思想与任务

健康第一的指导思想不仅给体育课程教学改革注入了新的内涵，而且在提升学校体育价值的同时，使学校体育的教学目标更加明确。改变过去传统的体育教学"重竞技"，重视"达标率""合格率"等功利性倾向，改变教学目标与学生实际需求的脱节现象，使体育教学与21世纪社会政治、经济的发展需求相适应，使体育教学与促进学生身心健康发展，有效地增强学生体质的目标，以及以学生为本的教学理念更加贴切。体育教学的指导思想在体育教学过程中通过各种途径对学校体育教学目标、教学任务、教学内容、教学方法、教学的组织形式和体育锻炼过程的体系产生极为重大的影响，是体育教学理论的核心。

若要实现教育部颁布的学校体育教学目标，完成体育教学的总任务，就要全面锻炼学生的身体，提高学生的生理健康、心理健康水平，有效地增强学生体质。培养学生体育能力，科学地应用健身方法，养成良好的体育锻炼习惯，为终身参与体育运动奠定良好的基础。

二、高校体育教学要素概述

（一）体育教学方法

体育教学理论与方法的探索、研究与发展，从始至终都遵循教育学、心理学和运动人体科学的原理，遵循教学理论与教学实践相结合的事物发展规律，遵循人体运动知识和技术技能的形成规律。

体育教学方法主要研究学校体育教学的基本规律，如何促进学生身体的健康发展和有效增强体质、掌握体育知识与运动的规律。从宏观的角度看，体育教学方法是体育教学活动过程中教师和学生为完成共同的体育教学任务，实现共同的体育教学目标过程的总称。从微观的角度看，体育教学方法是由各种教学方略、教学技术、教学手段、教学形式等所组成的一个系统性结构，包含有多层面的教学技术。

（二）体育教学过程

体育教学观强调：教学过程是师生积极参与、交往互动的过程。教学是教师的教与学生的学的统一，这种统一的实质是交往。在体育课教学过程中，强调教师的教以及学生的学所构成的一个有机组合的整体教学结构系统。体育教师根据教学目的、教学目标、教学任务、教学内容和教学要求，通过体育教学与课外体育锻炼活动等不同的组织形式，将具体的体育基础知识、健身方法、运动技术和练习手段有目的、有计划、有组织、系统地传授给学生。逐步培养学生掌握、运用体育基础知识、健身方法、运动技术和练习手段进行运动健身的能力，以及对学生进行思想、道德、品质等方面的教育。体育教学是素质教育的重要途径，也是促进学生身体健康成长发育的重要方式。

（三）高校体育教学内容

教学内容是教学活动的材料，是教学的主要媒体。教师通过"教"教学内容，使学生学习、掌握体育的基本理论知识、体育健身的方法、运动技术，提高身体的运动能力水平，形成良好的运动技能。从体育教学活动的实施过程及其对人的发展的影响的角度进行分析，体育教学内容从本质上起到了体育教学实践活动的载体作用。

体育教学素材有两个明显的特征：一是来源广泛，内容丰富；二是素材之间不具有严密的逻辑性，教材系统中每项教学素材都具有各自的功能性，由多项教学素材具有的功能性总和构成了能够达成多元教学目标的可能。

（四）高校体育教学评价

体育教学改革的一个重要内容就是"以评价促发展"，因此对学生的评价要能够体现学生学习的不同层次和水平。体育教学评价一般包括对教学过程中教师、学生、教学内容、教学方法手段、教学环境、教学管理诸多因素的评价，但主要是对学生学习过程与结果的评价和教师教学工作过程的评价。评价中依据一定的客观标准，通过各种测量和相关资料的收集，对教学活动及其效果进行客观衡量和科学判定。

体育教学评价对教师的教和学生的学都具有重要的激励和导向作用。评价反映出学生对学习的态度、动机、兴趣和方法，评价结果能够激励教师和学生进步，提高教学活动的效率，有助于完成教学目标。

三、学习体育课程与教学论的意义、目标和方法

（一）学习体育课程与教学论的意义

1.培养体育师范生的必然要求

体育课程与教学论是研究体育课程与教学的现象、问题，并揭示体育教育规律的一门学科，同时也是高等师范院校体育教育专业学生的一门专业基础课程。学习这门课程的目的是使学生掌握体育课程与教学论的基础知识和体育教学的基本技能，培养从事体育教学工作和进行体育课程与教学研究的初步能力，使体育师范生在课程与教学理论和观念"入门"、教学技能训练"上路"，课程与教学研究"开阔思路"，从而保证学生毕业时成为一名合格的体育教师，毕业后通过新课程实践的锻炼提高，成为"学会反思、学会合作"的专家型教师。

2.掌握有关体育课程的基本理论和体育教学的基本方法

体育课程既具有所有课程的共性特征，又具有不同于其他课程的独特性。学习体育课程与教学论，就是要掌握体育课程的目标、体制、课程开发、课程内容、课程设计、课程实施、课程标准、课程设施等方面的知识，为将来的体育教学和研究工作打下基础。体育课程与教学论是一门实用性较强的课程，其实用性主要表现在：为学生提供系统的体育课程与教学理论的同时，还为学生提供许多具体的教学方法，有利于体育教师和体育教育专业的学生不断提高自己的教学能力。

3.正确理解各种体育教学现象，认识体育教学的本质

体育教育是一个复杂的教学现象集合体，由于体育学科的特殊性，体育教学的现象比其他学科的教学现象更加纷杂，所以体育教师常常无法认清体育教学的本质，影响体

育教学工作的评价。因此，体育教师要学好体育课程与教学论，清晰地辨别各种体育教学现象。同时，学习体育课程与教学论有利于体育教师全面提升体育教学理论水平，建立宏观与微观、整体与局部、理论与实践对立统一的整体体育课程与教学观，帮助体育教师更好地把握体育课程与教学的本质、规律，抓住体育课程与教学的前沿问题，提高体育教师应对体育教学实际问题的能力。

4.准确把握体育教学基本规律，指导体育教学实践

无论是对于正在进行体育教育专业学习的学生，还是对于已经在教学第一线工作的体育教师来说，学好体育课程与教学论，都能更好地掌握体育教学的基本规律，提高自己从事体育教学与体育科研的素质和能力，有助于用所学的理论来指导自己的体育教学实践。

5.推动体育课程与教学研究，完善体育课程与教学理论

体育课程与教学的内涵和外延随着教育改革的不断深入都发生了深刻变化，体育课程和体育教学现象随着现代教育和现代体育文化的不断发展也变得越来越复杂，体育课程和教学出现了许多新现象和新特征，有许多新的现象有待解读，有许多新问题有待解决。因此，系统地学习体育课程与教学论可以帮助体育教师认识这些新问题，从中发现研究课题，从而推动体育课程与教学研究，不断完善和发展体育课程与教学理论。

（二）学习体育课程与教学论的目标

许多高等师范院校体育教育专业开设了体育课程与教学论课程，该课程的目标是：使高师院校学生在学习教育学、心理学的基础上，进一步比较系统地掌握体育课程与教学论的基础知识和基础理论，体育教学的基本技能和基本方法；培养学习者从事中小学体育教育工作和进行体育课程与教学研究的初步能力；为学习者将来担任中小学教师和进行体育课程与教学研究，以及科学教育奠定基础。以一名合格的中小学体育教师的身份来看体育课程与教学论的课程目标，可以具体分解为以下方面：

1.体育课程与教学论基础知识方面

（1）了解体育课程的基础知识。了解体育新课程理念，掌握中小学体育课程目标，学习用新课程的理念和课程目标指导与评价自己的学习与教学实践。

（2）初步掌握中小学体育课程的知识内容和结构体系，学习从体育学科基本结构的整体高度来把握部分内容的教学。

（3）初步掌握中小学体育学科特点与教学特点，以及学习该门学科的态度和方法，能从体育学科特点出发指导自己的学习与组织教学。

（4）认识与理解体育教学的一般原理与规律，学习用体育教学的一般原理与规律指导自己的学习与教学实践。

（5）初步掌握体育教学的常用方法与主要模式，尤其是探究新的体育教学模式。学习根据教学内容等具体情况，选择和使用体育教学方法与模式。

（6）了解现代先进的学习理论，能用现代学习理论指导自己的学习和教学实践。

2.体育教学基本技能方面

（1）掌握体育课堂教学的基本知识和技能，初步学会导课、热身及准备活动、示范、讲解、学生练习、纠正错误动作、放松活动、组织自主学习等课堂教学基本技能。

（2）熟练掌握体育教学设计，教学方法，以及各种体育教学策略。

（3）掌握体育教学的组织和手段的运用，能熟练地运用现代教育技术等辅助体育教学。

3.体育教学、课程开发及教学研究能力方面

（1）会初步分析教材，设计教案，预设教学过程。

（2）能初步运用课堂教学技能，组织与管理课堂教学。

（3）能分析运用先进的教育思想和教学理论，掌握基础教育课程改革的理念，指导课堂教学设计与课堂教学。

（4）初步学会运用多种教学评价方式实施体育教学评价。

（5）初步学会校本课程开发、体育课程与教学资源的开发与利用能力。

（6）初步学会运用合适的研究方法，进行体育教与学的初步研究，能写一般的体育课程与教学研究的论文。

4.体育教师专业情意方面

（1）赞赏体育教师，热爱体育教师职业，树立献身体育教育工作的理想。

（2）初步养成良好的教师职业道德和职业习惯，具有做一名优秀体育教师的信心。

（3）具有乐观向上、不断改革和创新体育教育教学工作的远大志向。

（三）学习体育课程与教学论的方法

体育课程与教学论是一门理论与实践相结合的学科，好的学习方法可以起到事半功倍的效果。

1.掌握基本理论知识

理论知识可以帮助我们了解体育课程与教学相关问题的理论框架。体育课程与教学论的理论知识是在实践中反复探索形成的，对有关体育课程与教学的问题形成了一系列有内在联系的理论知识。而理论知识是不断发展的。

学习理论知识时，要注意掌握体育学科的基本结构。所谓体育学科的基本结构，就是体育学的基本概念、原理、方法和价值观，它们构成一个有机联系的整体。掌握体育学科的基本结构，就是要注意理解这些基本的概念、原理、方法和价值观，并将其有效内化到自己的认知结构中去。

位于体育学科基本结构体系中的各种概念、原理、方法和价值观并不是孤立的知识点，而是彼此相互联系、交错的一个网状知识体系。人类对于事物的认识总是有着千丝万缕的联系，既应该从微观层次深入细致地探讨，也应该从宏观层次对问题有整体性把握。体育课程与教学论的理论知识也是如此，既需要深入地对各种知识点进行详细追问，也需要整体性地把握体育课程与教学问题，避免孤立、割裂地认识问题。

2.关注体育教学实践

理论知识并非空中楼阁，也不是无源之水，而是从实践的土壤中萌发与生长出来的。不论是理论知识的学习，还是问题的发现与探究，都应该以关注实践为指导思想。在学习体育课程与教学论的过程中，应该同时注重实践问题，采用注重细节的整体思维方式来审视实践。与其他课程及教学相比，体育课程及其教学更具有实践性，因此，只有充分关注体育教学实践，才能使体育课程与教学理论融会贯通，并在实践的检验中得到不断发展。

第二节　高校体育的课程目标与教学目标

体育课程目标和体育教学目标是体育课程和体育教学理论与实践中非常重要的问题。为什么要设置体育课程？为什么要组织相应的体育教学活动？是为了达到一定的目标。虽然体育教学目标并不完全是由教师和学生制定的，但合理的体育教学目标必定充分反映了教师的努力方向和学生的学习愿望。因此，科学合理的体育教学目标必定可以指引教师的工作，必定可以激励学生学习。体育教学目标激发动机的功能真正实现，也取决于其价值是否被学生认同及其难易程度是否适中。只有教学目标符合学生的内部需要，才能够激发学生的动机，引起学生的兴趣，转化为积极参与体育活动的动力。所以，明确、具体而切实可行的教学目标可以激励学生努力地学习。

体育教学目标确定之后，是否达成既定目标就成为测评教学效果的尺度和标准。因此，进行科学的评价首先要提供可行、可测的体育教学目标。如果缺乏科学、客观的衡量标准，测验的效度、信度、难度、区分度都将失去保障，以此来衡量和检验教学效果就会失去意义。从这个意义上说，科学、合理的体育教学目标，是科学检验体育教学效果、确定客观评价的基础和标准。

一、体育课程目标与体育教学目标的关系

在学校具体的教育实践中，课程和教学是学校教育的两个重要组成部分，也是不可分割的两部分。而在学校教育目标体系中，体育课程目标与体育教学目标联系最为密切，正因为如此，经常有人把二者混为一谈。

但是，体育教学目标和体育课程目标绝对不是一回事，它们之间既有联系，又有区别。如果不厘清其相互关系，在体育课程和体育教学实践中必然会出现一些误区。

（一）体育课程目标和体育教学目标的联系

第一，相对于各级各类学校培养目标和学校体育目标而言，一方面，体育教学目标和体育课程目标都是子目标，它们共同为达成学校培养目标和学校体育目标发挥着各自的作用；另一方面，体育教学目标和体育课程目标的确立都必须以学校培养目标和学校体育目标为依据。

第二，体育课程目标与体育教学目标之间还有着纵、横两个方面的联系。从纵向的联系来看，体育教学目标是体育课程目标的子目标。换言之，体育课程目标的实现有赖于体育教学目标的实现，或者说体育课程目标是确定体育教学目标的重要依据；从横向的联系来看，体育课程目标所涉及的领域，在体育教学目标中也应该体现，另外，体育课程目标和体育教学目标之间有一个衔接点，这个衔接点就是体育课程的水平目标和体育教学的学年教学目标。理论上来说，这二者应该是一回事。也就是说，体育课程的水平目标是确定学年体育教学目标的直接依据，它们之间应该是一致的。学年体育教学目标实现了，体育课程的水平目标也就实现了。

（二）体育课程目标与体育教学目标的区别

体育课程目标和体育教学目标是有区别的。体育课程目标和体育教学目标在制定者、制定依据、使用范围等方面都是不同的。如果从目标的性质出发进一步比较的话，会发现二者之间也有很大区别。体育课程目标针对的是整个体育课程，着眼于学生的整个学习过程或学习阶段，或学习领域，是宏观的、远景的、粗线条的，且具有相对的稳定性；而体育教学目标针对的是一个学年（或学期）、一个单元、一堂体育课的具体教学情境，是微观的、现实的、具体的，具有相对的灵活性，确定后可以根据教学的具体情况进行调整。

二、体育课程目标与教学目标的结构

（一）体育课程目标的结构

体育课程目标是有层次结构的，不同的层次结构发挥着不同的功能。对同一层次的目标而言，还存在着不同学习方面和学习水平的区分。

1.体育课程目标的纵向层次

体育课程目标在垂直向度上具有层次性、线性、累积性的特点。有的学者认为，根据课程目标的不同层次关系，可以依次将课程目标区分为不同的层次：课程总体目标——教育目的；课程总体目标的具体化——培养目标；学科领域的课程目标；学科领域课程目标的具体化——教学目标。像一个金字塔顶层目标是抽象的、整体的、普遍性的目标，底层目标是具体的、分化的、特殊的课程目标，数目繁多、底层目标逐步达成之后，课程总目标也就得以达成。

体育课程的总目标面向某个教育阶段的全体学生，是特定教育阶段大多数学生通过自己的努力都能够达成的体育学习目标。学习方面目标是指期望各个学习方面达到的相应水平。如我国《义务教育体育与健康课程标准》改变了传统的按运动项目划分课程内容和安排教学时数的框架，丰富了课程学习的内容，将课程学习内容划分为运动参与、运动技能、身体健康和社会适应四个方面。

体育课程的水平目标是指不同年龄（学段）学生在各个学习方面预期达到的相应水平。体育课程水平目标是在一定的阶段内，更好地加大教材内容的弹性，以满足学生、学校的不同特点、条件及实际需要。新中国成立以来，我国传统体育教学大纲中对学段的划分基本上采用的是小学、初中、高中、大学四段法。新的课程标准则把小学阶段进一步划分为三个水平：水平一（一年级至二年级）、水平二（三年级至四年级）和水平三（五年级至六年级）。每个水平规定了相应的教学目标，其他学段的学生也可以将高一级水平目标作为本阶段学习的发展性学习目标。

尽管学科领域的课程目标有细化和可操作性的趋势，但仍然是以总体性的或阶段性的一般目标作为某一教学单元或某一节课的目标，通常称为单元或课的教学目标。体育教学目标实际上是体育课程目标的延伸，包含在体育课程目标体系之中，是体育课程目标体系中不可缺少的重要组成部分。这一层次的目标往往与具体的情境联系在一起，对较抽象的课程目标给予明确的界定。

2.体育课程目标的横向关系

课程目标的横向关系实质上反映了各种目标的相互关系。在教育目标这一层面上，我国通常用德、智、体或德、智、体、美、劳来划分目标领域。无论怎样划分目标领域，各领域对总目标来说都应当具备逻辑上的合理性，它们虽然可能是并列和平行的，但必须是一个相互联系的整体。

（二）体育教学目标的结构

学年体育教学目标、单元体育教学目标和课时体育教学目标建构了体育教学目标体系的纵向层次。上位目标与下位目标相互呼应、彼此衔接，在体育教学活动中指引着学生的发展方向。

学年体育教学目标是根据"学段体育教学目标"确定的，是对该学段内每个学年体育教学活动的分解与不同要求。学年（学期）体育教学目标具有计划性，通常根据体育课程的总目标和水平目标的要求、各个学校的实际情况、学生的兴趣爱好及体育课程内容的特点等来确定，一般出现在学校的体育教学计划中。

1.单元体育教学目标

单元是指各门课程教学中相对完整的划分单位，反映着课程编制者或教师对一门课程及其概念体系结构的总的看法。单元体育教学目标就是依据"年级体育教学目标"和学期教学的分配计划制定的。单元体育教学目标主要依托各体育课程内容，如某个运动项目的特性来制定。

2.课时体育教学目标

课时体育教学目标也称为体育课堂教学目标，具有操作性，是最具体的体育教学目标。课时体育教学目标是由每堂体育课具体的教学内容，学生具体的学习特点和需要决定的，同时还要考虑一堂体育课的具体教学时空情境和条件，其体现在体育教师的教案中。其实，一堂课是最基本的教学单位，却不一定是一个完整的基本教学单位，因为一堂课往往无法完整地教授某课程内容，只能完成其中一部分。现代教学理论对学生的认知性学习越来越被重视，而作为认知性学习基础的发现式学习法或假说验证式学习法都是一个较长的学习过程。因此，单元教学的改革是现阶段我国体育教学改革的重要突破之一，在改革的新形势下，高校应当更重视单元教学计划的制订和单元教学目标的确立。

第三节　高校体育教学的原则

体育教学原则是体育教学过程中教师的教和学生的学的活动开展的基本依据，是体育教学工作必须遵循的基本要求和指导原理，是体育教学过程客观规律的反映，对各项教学活动起着指导和制约作用。正确地理解和贯彻体育教学原则，对明确教学目的，选择与安排好教学内容，正确地选用教学方法、教学场地与器材以及组织教学形式，完成教学任务，提高教学效果具有重要意义。

一、重视提高运动技能原则

重视提高运动技能原则是指在高校体育教学中要不断提高学生的运动技能，提高学生的运动成绩，实现有效的体育教学。首先，选择适当的教学方法。每个或每类教学方法不仅有各自的功能、特点及应用范围和具体条件，而且有各自的局限性。因此，为了更好地完成教学任务，教师必须坚持辩证的观点，以启发式的指导思想，综合地、灵活地运用教学方法，取得最优化的教学效果，这样才能提高学生学习运动技能的兴趣。其次，合理设置课程结构。每个体育运动都有各自的特点，学生通过学习不同的体育运动能学习到不同的运动技能。为了能够使学生更好地学习全面的体育运动技术，为以后的体育健身做准备，高校体育教学必须合理设置课程内容，丰富学生运动技能，使学生能够熟练掌握 1~2 个运动技能，尽可能地去了解更多的运动技能，从而能够全面参与到各项体育运动中去。最后，明确学习运动技能的意义。体育是一门身体参与的运动，高校体育教学的终极目标是使学生通过参与体育活动，提高身体健康水平，促进人的全面发展，以"健康第一"为指导思想，树立终身体育意识。因此，在体育教学活动中，学生必须掌握体育活动的基本技术和基本技能，从而满足健身和娱乐的双重需求。

二、安全运动原则

安全运动原则是指在高校体育教学中要使学生安全地从事运动，它是体育教学活动能够进行的前提条件。首先，在体育教学活动中，教师必须设想所有可预测的危险因素，这些危险因素容易给学生身体带来伤害，阻碍正常的体育教学进行。可预测的危险因素主要有：学生鲁莽行事、在伤病期间勉强参加运动、擅自行事、准备活动不充分、不熟悉体育运动器械、不注意体育设备及器材的检查等天气的影响等。这些可预测的危险因素，体育教师在上课前必须进行检查并反复叮嘱学生，在上课期间，注意观察学生的举动，消除一切可以引起体育教学意外事故的潜在因素。其次，建立全面、有效的运动安全制度并配备齐全的安全设备。学校相关部门要通力合作，构建体育运动安全防范体系和制定体育运动安全规章制度，全面保障体育教学的安全进行。对于在体育教学过程中出现的危险动作或行为，体育教师要及时制止，避免学生发生意外情况，体育课内容设置必须以安全为主。在体育基础设施方面，设置和安装必要的保护装置和警示标志，预防危险的发生。最后，定期开展学生安全运动教育活动。学校体育部门应定期开展安全运动教育讲座，使学生深刻认识到安全的重要性，组织学生学习如何避免和防范体育意外事故的发生，学校相关部门应多做宣传，使运动安全教育深入学生心中。

三、注重体验运动乐趣原则

注重体验运动乐趣原则是指在高校体育教学中要让学生在进行身体锻炼和掌握运动技能的同时体验到运动的乐趣，以使学生喜爱运动并养成参加运动的习惯。

首先，使学生感受到成功的愉悦感。由于不同学生之间存在个体差异，兴趣爱好和自身条件不同，在面对同一项体育运动时，体验感就会产生巨大的差别。有些学生会因为自身喜欢某项体育运动，从而在活动中体验到了成功的愉悦感，有些学生却产生了"失败感"。这就要求体育教师从教学方法和教学内容上下功夫，尽可能地满足所有学生通过不同的体育运动，感受到成功的愉悦感，从而使学生愿意全身心地去投入体育运动中。其次，增加趣味性体育教学内容。我国高校体育教学课程内容大多以田径、足球、篮球和排球为主，竞技性较强，反而将一些极具趣味性的体育运动列为选修课。有些条件较差的高校甚至没有能力去开展一些具有趣味性的体育教学内容，这对学生的身心健康发展是很不利的。为了促进学生的全面发展，提高学生的身心健康，高校体育教学内容必须增加趣味性课程，丰富体育教学内容，提高教学质量。最后，实施快乐的体育教学方法。教学方法是教学过程整体结构中的一个重要组成部分，是教学的基本要素之一，它直接关系着教学工作的成败，教学效率的高低和把

学生培养成什么样的人。在体育教学过程中，教师必须选择合理的教学方法，从教学的具体目的、任务、教材内容的特点、学生的实际情况和教师本身的素养条件出发，使学生从体育课堂中感受到学习体育学习的快乐，激发学生学习体育的热情。

四、合理运动负荷原则

合理运动负荷原则是指在高校体育教学中既要安排一定的身体活动量，体现体育教学的本质特点——身体活动性，还要使学生身体所承受的运动负荷有效、合理，从而满足学生锻炼身体和掌握运动技能的需要。首先，依据学生的身心特点而定。在体育教学过程中，运动负荷是保证学生在完成基本体育课程内容之后，身体处于一种健康的状态，没有过度疲劳和运动损伤的发生，这种合理运动负荷要依据学生的身心特点而定。体育教师必须对学生的身心特点有着充分的了解，并熟悉各项体育运动的特点，这样才能保证学生进入合理的运动负荷状态。其次，依据体育教学目标而定。合理安排运动负荷是为了实现一定的身体锻炼和运动技能掌握的教学目标，所以教师在体育教学过程中，一定要把握好运动负荷的度，轻量的运动负荷，达不到增进学生身心健康的目的，反之则会给学生的身体带来伤害。

五、因材施教原则

因材施教原则是指在体育教学中要贯彻"面向全体学生"的教育理念，根据每一个学生的具体情况，实施各不相同的、有针对性的教育，使每一个学生的身心健康和运动

技能都能在各自的基础上得到充分的发展。首先，全面了解学生的个性特点。只有对学生的性格特点、兴趣爱好和行为习惯等有充分的了解，才能贯彻因材施教原则。体育教师可以通过课堂观察、问卷调查、与学生谈话、咨询辅导员等方法对学生进行细致的了解，弄清每个学生的个体差异，从而制定个性化的教学方法。其次，丰富体育课程内容。每个学生都是独立存在的个体，有着不同的体育课程爱好。因此，丰富体育课程内容，尽可能满足所有学生的兴趣和爱好，以促进学生的全面发展。最后，教学组织形式多样化。

实践证明，等质分组是目前较好的因材施教的教学组织形式。体育教师通过身高、体重、体能、运动技能水平等对学生进行分组，进行个性教学。对于综合条件较好的学生，在完成基本体育课堂内容教学的前提下，对其提出更高的要求，进一步促进他们身体的全面发展；对于综合条件较差的学生，给予耐心指导，从基础内容做起，直至达成体育课程教学目标。

第四节 当代高校体育教学理念的发展

随着中国教育改革的逐步开展，高校学生的综合素质成为大家越来越关注的问题。高校学生不仅要丰富自身的专业知识，还要提高自身的体育素质，以促进自身综合素质的发展。高校教师要始终跟随时代的步伐，改变原来的教学理念和教学方式，为国家培养出全面人才，更好地服务于社会。

一、发展高校体育教学理念的意义

新课程改革的不断深入使得它所体现的学习理念、学习方式、人生观、价值观等都发生了变化，这就要求教师改变以往的传统教学方式，去开拓新的符合当代社会发展趋势的教学方式。高校教师需要以新课程标准为教学目标，增强学科的综合性，合理设置综合课程，增加综合实践活动。合理的课程设置可以增强学生的体质，使学生树立健康体育运动理念，帮助学生养成锻炼身体的好习惯，从而促进学生综合素质的全面发展。

二、高校体育教学理念的转变

新课程改革背景下，高校体育教学理念发生了很大的转变，这些转变突出表现在以下几个方面：

（一）深刻贯彻了"健康第一"的指导理念

高校要树立"健康第一"的指导理念，切实加强体育教育工作。"健康第一"不仅是学校教育的指导理念，也是体育教学改革的指导理念。合理的体育教学是以身体练习为主要手段，合理地选择运动负荷，力求培养和提高学生的自信心、竞争力、人际交往能力，增强学生的团队意识、合作意识和创新意识，使其更好地适应社会。现代先进的体育教学理念能把身体健康、心理健康与社会适应的目标与教学内容、教学方法及学习评价等较好地结合起来，从而形成良性互动。

（二）注重营造良好的教学氛围与建立和谐的师生关系

新的体育教学理念注重运用情境教学、快乐教学、主题教学、体育游戏、激励性评价、师生互动、合作讨论等方法和手段来营造良好的教学氛围，使学生能积极地投入体育学习之中。和谐的师生关系是学生主动学习的前提之一，也是学生获得愉快的情感体验的重要因素。现代先进的体育教学理念要求体育教师要关心学生，以身作则，发扬教学民主精神，倾听学生的意见；学生要尊敬教师，自觉维护课堂教学秩序，在课堂讨论中畅所欲言；师生之间、生生之间形成良好的教学气氛，从而促进教学水平的提高。

（三）关注学生的运动情感体验

在体育教学中，学生的情感体验非常重要，它是培养学生体育学习兴趣和终身体育意识的关键，同时是学生积极主动学习的重要条件，是促进教学质量提高的重要因素。

现代体育教学理念能根据学生心理活动的规律来组织教学，能满足学生的情感体验，提高学生的学习兴趣。

（四）重视课程资源的开发利用

当前的高校体育教学强调课程目标的统领作用，由体育教师根据学生的身心特点合理地选择教学的内容与方法，这是符合体育教学实际的做法。在新的体育教学理念的指导下，有的体育教师还开发出一系列具有较强健身性与趣味性的教学内容，极大地提高了体育教学质量。

（五）科学的体育学习评价

在体育教学评价中，多元学习评价是新体育课程改革的一个亮点，这种教学评价突出的是学生的自我评价与相互评价。在评价内容上，多元学习评价既注意知识、技能、运动参与和学习态度的评价，又注意合作精神与情意表现的评价，能在很大程度上提高学生学习的积极性，促进教学水平的提升。这一教学评价虽然取得了一定的成绩，但在实际运用中也存在一些问题和不足。新课程改革为发挥体育教师的能动性提供了更大的空间，广大的体育教师应认清形势，牢固树立终身学习的意识，认真把握好新课程标准，不断探索新的教学方法、手段、模式等，不断提升自己的专业化水平，促进教学质量的提高。

三、高校体育教学理念改革发展的方向

（一）朝层次性和延续性方向发展

新时期，各种体育教学理念与体育教学思想不断涌现，这些不同的教学理念与教学思想在不同程度上都推动了体育教学的发展，为体育教学的改革指明了方向，使体育教学改革步伐不断加快，促进了体育教学质量的提高。就体育教育教学实践来说，教学对象是体育教育发展改革应该重点关注的对象，而不同年龄段的学生，他们之间在很多方面都存在着显著的差异。从教学指导思想在教学实践中的运用可以看出，体育教学理念

缺乏系统性、连贯性，具体表现在针对各年龄阶段学生的体育教学重点倾向性相似，教材的处理、教法的选用和组织安排不符合学生的身心特点及地区特点等，这些都阻碍了高校体育教育改革进程。

新时期的体育教育改革应该重视学生的长期、可持续发展。在教学理念上，要重视教育的层次性与各阶段的延续性，通过体育教学的科学组织与实施，以不同年龄段学生的特点为依据对相应的体育教学指导思想进行构建，使之具有鲜明的层次性，以科学把握教学改革目标和教学改革方向，进一步优化教学改革进程，不断提高高校体育教育的育人成果。

（二）朝人文教育和科学发展观方向发展

在我国素质教育改革的推动下，我国高校体育教学理念从唯"生物体育观"转向了"三维体育观"（由生物、心理、社会因素构成），这就使得体育在健身、竞技、娱乐、文化和社会等方面的功能得到了进一步的拓展，使我国体育教学在传授基本知识、基本技术、基本技能，增强学生体质的同时朝着多元化的目标和功能方向发展。

在充分借鉴和引进西方体育强国的休闲体育思想、快乐体育思想、终身体育思想等的基础上，我国体育教学理念得到了进一步发展。此外，在2008年北京奥运会成功举办后，人文奥运理念已深入人心，在一定程度上，奥林匹克运动也对我国学校体育的发展产生了重大的影响，未来学校体育会向着以人为本的方向迈进和发展，会更加重视学生的需要和全面发展，以"人文体育观"为核心的教学思想将会在体育教学中发挥更大的价值。现代体育教育教学的发展离不开对人的关注，其重要的一点在于关注人的全面、可持续发展。

结合我国素质教育与国外人本体育，新时期的高校体育教学理念应将重点放在"重视学生综合素质教育"和"培养优质人才和促进人才的科学发展"两个方面。一方面，在现代学校体育教学改革发展形势下，体育教育只有改变以往的"知识型"人才的培养，转而走向"创造型"人才的培养的道路，树立全面育人的教育观念和意识，着重培养和提高学生的综合素质和能力，才能够最终实现素质教育的目标。另一方面，高校教育应不断强调教育的育人作用，通过体育教育促进现代人才的培养与科学、持续发展。高校教育应保证学生在校期间能接受正确的体育观念的教育，培养学生锻炼身体的能力，使他们对体育运动对人体短期、长期的各种影响有一个深刻的认识，使学生在观念上把参与体育作为一种自觉的行为，把正确的体育观念作为现代社会人才的一种基本素质进行培养与提高。

（三）朝综合化方向发展

21世纪以来，我国学校教育发展迅速，高校体育教育也要适应新时代的发展潮流，不断革新观念，以科学的、合理的、人性化的教育观念促进学校体育的发展，让学生在第一思想的指导下，获得身心的全面健康发展。当前，素质教育是一种发展中的新的教学理念，它具有非常丰富的内涵。现阶段，我国素质教育还处于发展探索阶段，人们试图通过不同的途径，采用不同的教学理念对体育教学实践进行指导，以使体育素质教育获得新的发展。随着素质教育的不断推进，迫切需要从其他相关理论中对"合理内核"加以汲取和吸收，以不断丰富和完善素质教育理论体系。体育是教育的重要组成部分，它服务于人的全面教育，所以在学校体育教学中，应顺应素质教育的潮流，树立"健康第一""终身体育"与素质教育相结合的体育教学理念。在体育教学中，要始终将"健康第一""终身体育"放在首位，这两个教学理念的作用和价值是不可轻易动摇的。只有充分认识到这一点，才能进一步深化素质教育改革。总体来讲，素质教育离不开"健康第一""终身体育"，前者是后者的发展基础，后者是前者的发展要求。

四、当前高校体育教学理念的具体形式

（一）健康第一的理念

增强青少年体质、促进青少年健康成长，是关系国家和民族未来的大事，需要全社会的关心支持。健康体魄是青少年为祖国和人民服务的基本前提，是中华民族旺盛生命力的体现。学校教育要树立"健康第一"的指导思想，切实加强体育工作。有了健康的身体，才可能有健康的心理，才可能学到更加丰富的知识和技能，才可能为国家、为社会的发展做出贡献，才可能成为建设小康社会的有用人才。

坚持"健康第一"的理念是高校体育教育整体改革的重要方向。随着社会的发展，

市场经济对人才的培养提出了新的要求,大学生的健康问题已不局限于体质的强弱,而是逐渐扩展到身体、心理、社会适应能力和道德品质等多个维度,这也是"健康第一"的新内涵。高校体育工作是高等教育工作的重要组成部分,处于学生成才的基础性地位,对于培养学生终身体育意识,养成良好的运动习惯,适应未来多变的社会环境,构建和谐美好的人生,具有举足轻重的作用。高校教育工作者,必须树立正确的健康观和人才观,更要引导大学生树立正确的教育观、人才观和健康观,让"健康第一"的指导思想在大学生中形成共识,促进高校体育工作高效、和谐地健康发展。

(二)终身体育的理念

在终身教育的影响下,更主要的是由于人们追求健康长寿、改善生活方式、提高生活质量的主体需求,终身体育思想在 20 世纪 80 年代应运而生。终身体育是指一个人终生主动接受体育教育指导、参加体育锻炼。终身体育思想是从人的生涯角度对体育问题的理性认识,它以人为出发点,从哲学的角度探讨人、体育、社会三者的关系,旨在塑造全面发展的人,发挥体育运动对推动人和社会发展的巨大功能。

现代教育特别强调"为学生的终身发展奠定基础"。终身体育的理念是指以培养学生终生参与体育活动的能力和习惯为主导的思想。这种思想认为,学校体育是终身体育的最重要的、具有决定性意义的中间环节,主张在学校阶段培养学生终生从事体育学习和锻炼的观念和习惯,并使学生掌握终身体育的基本理论和方法。

学校体育是奠定终身体育基础的极好时机。通过体育活动,一方面,可以促进大学生正常生长发育、增强体质,打好体质健康基础;另一方面,使大学生掌握体育的基本理论知识和锻炼方法,培养他们对体育的爱好、兴趣,养成体育锻炼的习惯,使体育活动成为学生生活中不可或缺的内容。这个阶段所产生的体育后效应将在学生毕业后的几十年生涯中表现出来。终身体育是依靠在高校体育阶段形成的体育意识、习惯和能力,在人生的各个不同阶段继续坚持体育学习和健身,不断修炼个性,充实人生,提高生活乃至生命质量,它是高校体育的长远目标。

(三)素质教育的理念

素质教育是以提高民族素质为宗旨的教育。它着眼于受教育者及社会长远发展的要求，以面向全体学生、全面提高学生的基本素质为根本宗旨，以注重培养受教育者的态度、能力，促进他们在德智体等方面生动、活泼、主动地发展为基本特征的教育。它以全面提高人的基本素质为根本目的，以尊重人的主体性和主动精神为基础，注重开发人的智慧潜能，注重形成人的健全个性为根本特征。

就个人发展而言，体育在提高大学生的健康素质的同时，还能健全大学生的人格，锤炼大学生的意志。学生经历的每一次体育活动和竞赛都在潜移默化地教育、熏陶他们，培养他们团结、合作、坚强、献身和友爱的高尚情操。对于今天独生子女一代，体育更是培育他们自强不息精神和吃苦耐劳意志的有效途径。可以说，加强高校体育工作，促进大学生健康成长，是高等教育本质的回归。忽视学生身心健康，忽视学校体育工作，就谈不上全面贯彻党的教育方针，谈不上全面实施素质教育。近年来的实践已经充分证明，加强学校体育工作，确确实实成为全面实施素质教育的重要突破口。学校体育工作水平的高低已成为衡量一所大学素质教育水平的重要标志之一。

第五节　高校体育教学创新发展策略

高校体育教学目标是提高学生的身体素质，培养学生基本的体育素养，实现学生能力的全面发展。针对传统教学模式下体育教学存在的问题，教师需要深入分析原因，结合学生的实际特点，不断创新教学方法与内容，提高体育教学水平，助力学生的成长发展。

一、秉持先进的教学理念，大力开发体育教学资源

教学理念及教学方法直接决定了教学效果，先进的教学理念及科学的教学方法是教师完成既定教学目标的有效保障。所以教师需要结合学生的实际情况，设定合理的教学

目标，以因材施教的理念为基础，最大限度地满足不同学生的学习需求。在体育教学过程中，教师应当积极与学生交流互动，利用现代化的教学设备及体育器材开展教学，不断提高学生的身体素质。在教学过程中，教师需要充分尊重学生的个性，结合学生的兴趣爱好及性格特点设置合理的教学内容，释放学生的天性。同时，教师在课堂上应明确学生对教学内容的心理感受，不断调整教学方法及教学策略，提高体育教学方法的科学性。另外，教师应当加大对教学内容的研究力度，完善教学工作的总体规划，积极整合各类教学资源，保证教学质量。高校应当加大对体育教师的培养力度，定期邀请相关教育专家讲解最新的教育理念，丰富教师的知识结构，以此来满足学生的学习需求。高校还应当加大体育场馆和体育设施的资金投入力度，增加体育器材的种类及数量，不断改善学生的运动环境。教师应当加强对体育教材的研究，完善教学内容，确保课程体系的合理性。

二、优化课程结构体系

现阶段，大部分高校体育教学方法陈旧落后，课程结构与学生的实际需求严重脱离，这阻碍了体育教学水平的提高。新的课程标准要求高校体育教学注重培养学生的身心综合素质，为此，教师应当抛弃落后陈旧的教学理念，将课外体育活动与课堂体育教学有机结合，定期组织学生参与体育锻炼，构建起校内与校外相结合的完整课程体系。同时，教师开展体育教学需要充分尊重学生身心发展规律，以促进学生身心健康发展为基础目标，不断丰富课堂教学内容，注重体育教学的整体功能，促进学生的健康成长。

三、改革高校体育教学方法

在高校体育教学过程中，教师需要在提升自己体育教学能力的基础上，改进教学方法，促进学生综合素质的提高及身心健康发展。为此，教师需要深入研究教材内容，注重理论知识与实践的结合，向学生讲授基本体育理论与体育精神。教师还应当秉持先进的教学理念，采取分层教学等先进的教学模式，以学生为课堂主体，鼓励学生在课堂上自主探究，通过合作等方式完成学习任务。此外，为保证全体学生的共同发展，教师应当布置差异化的学习任务，鼓励学生互帮互助，提高课堂教学效率，提升教学质量。

四、增加学生感兴趣的教学内容

高校体育教学内容重复和陈旧是影响教学质量的主要问题。为提高学生的学习兴趣，教师需要结合学生特点，制订针对性较强的教学计划，适度增加体育活动的难度，并在教学过程中加入一些综合性的体育项目，以丰富课堂教学内容，如将短跑与足球的运球和移动结合。在选修体育课程中，教师可以加入学生感兴趣的内容，如游泳、网球、乒乓球等，也可增加射击、健美操、武术、攀岩等内容，学生可以依据自身的兴趣爱好自由选择。学生也可以自主选择任课教师和上课时间。这些都可以使学生从内心深处热爱体育锻炼，从而提高身体素质。

五、建立科学的教学评价机制

高校体育教学在教学评价中需要弱化选拔和甄别功能，重点激发学生的体育潜能。在评价内容中加入学习态度、参与体育活动积极性、努力认真程度等内容，重点考查学生的进步情况。教师在日常教学中应当指导学生树立正确的目标，激发学生的体育学习热情，使学生养成良好的运动习惯。在建立评价机制过程中，应当将终结评价、过程评价、诊断评价相结合，改变单一的评价方法，结合期末考试、书面考察、口头考试等评价方法，注重过程评价，保证评价方式的合理性。教师可以鼓励学生参与各类体育活动，将其日常参与体育活动的数量作为评价内容，建立多元化的评价机制，使学生明确自己的优势与不足，以及时调整学习方法。

六、树立终身体育意识

在体育教学过程中，教师应该注重培养和强化学生终身体育的意识，让学生认识到体育锻炼是一个长期的过程，而不是短期的任务式的过程。终身体育意识是对体育教学目标的扩展和补充，要求学生不仅在体育课堂上锻炼，也将体育锻炼的习惯带到日常生活中，提高身体素质。为了培养学生的终身体育意识，高校应该设定与其一致的教学目标、教学方法和教学内容，同时注重增加新的体育项目。除此之外，还要充分尊重学生的个体差异，认识到学生身体素质的不同，尊重学生的个性特点，促进学生的个性发展，培养学生正确的体育价值观，促进学生身心健康发展。让学生掌握基本的体育技能，养成体育锻炼的良好习惯。

七、开展针对性教学，建立健康档案

关于高校体育教学的调查结果显示，大部分高校学生并不了解自身的健康状况，缺乏参与体育锻炼的积极性与动机。在这种情况下，高校需要发挥体育教学的作用，以多元的体育教学内容为学生的成长提供必要的支持。

其一，高校要营造良好的体育锻炼氛围。高校是优质人才的培养基地，体育教学的效果直接影响学生的发展。目前高校的体育器材相对齐全，多元的体育社团营造了良好的体育环境，在此基础之上，高校要进一步优化体育教学氛围，提升学生参与体育锻炼的积极性，如通过学校的公众平台宣传体育锻炼的价值，并提供更多的体育锻炼机会和场所。

其二，高校要建立动态的电子健康档案。学生只有保持较高的自主性，才能够主动参与体育活动，提高体育锻炼意识。为此，高校可以充分利用信息技术，将大学生的体测成绩、体育课堂表现等作为原始数据，生成动态电子健康档案，以大数据的方式统计学生的健康状况，并根据电子健康档案的具体信息评估学生的健康状况，这样不仅可以"对症下药"，还可以让学生清楚了解自己的基本情况，提高学生参与体育锻炼和体育课堂的积极性。灵活使用电子健康档案，对后续的体育教学工作的持续推进有重要意义。

八、因地制宜，创新体育教学模式

当前，高校体育教学面临全新的发展环境，为了适应体育事业发展的需要，高校要在体育教学工作中探索新思路，找准目标定位，创新体育教学模式。以北方地区的高校为例，其在冬季开展体育教学的过程中，可以将冰雪运动作为核心体育教学内容，如高校可以开设雪地足球、滑冰、滑雪等体育课程，以天然的资源优势呈现体育本身的独特魅力，使冰雪资源得到充分挖掘。冰雪体育项目不仅能丰富学校体育教学的内容，还能为培养冰雪运动人才打好基础。以雪地足球项目为例，冬季，足球场地可以作为雪地足球的主要场地，教师在使学生明确雪地足球的基本规则后，吸引学生参与其中，感受足球运动的别样魅力，在寒冷的冬季，学生可以享受体育带来的乐趣和浓郁的冰雪氛围。南方地区的高校也可以尝试开发一些新的体育项目，并将其融入高校的体育教学内容，如定向运动、拓展运动等。与传统的体育教学内容不同，新的体育项目势必会为高校体育教学提供新的发展思路，带给学生全新体验，契合社会对高校体育教学提出的新要求。体育项目的趣味性和可拓展性较强，与传统的课堂教学内容相比更具吸引力。受气候影响，南方地区河流众多，水资源丰富，所以南方地区的高校可以引入一些水上体育项目，如赛龙舟、皮划艇等。

高校体育教学要因地制宜，结合地区的优势资源创新体育教学模式，北方地区要善于挖掘冰雪等体育教学资源，南方地区要利用好气候条件和地理环境优势，将新兴体育项目融入体育教学课堂。体育教学资源的有效利用，有利于创新教学内容和教育理念，促进高校体育教学发展。

九、刚柔并济，促进学生个性彰显

受人本主义思想的影响，很多高校将体育教学的重点放在了柔性的教育方面，导致"刚柔失调"，所以目前高校的任务之一就是协调刚性要素和柔性要素，做到"刚柔并济"。

一方面，高校要明确体育教学的刚性要素。高校要在政策上明确体育教学的刚性要素，包括具体的体育教学工作、师资力量、体育设施等，以确保体育教学工作顺利开展。例如，高校在建设体育社团和体育俱乐部时，要有严格的准入标准、硬性的要求，使高校的体育教学有明确的参考依据。另一方面，高校要在刚性要素的支撑下探索柔性的教学方式。高校体育教学中，柔性教学危机出现的根本原因是缺乏刚性要素的约束。柔性管理模式对学生的约束力不足，导致教学质量下降。为此，高校的体育教学中，要灵活运用柔性的管理方法，既让学生感受到体育的独特魅力，又使学生达到考核标准与要求。高校体育教学"刚柔并济"的策略，对提高学生参与体育教学的积极性有促进作用，在促进学生个性发展的基础上，凸显体育教学改革的价值。

十、强化心理干预

笔者对高校体育课堂教学的现状进行调查后，发现学生对体育课堂普遍持消极态度，甚至出现心理障碍和心理问题。为了培养学生的终身体育意识，高校需要强化对学生的心理干预，使学生保持积极心态。

其一，在开展体育课堂教学过程中，教师不仅要关注体育基础理论知识与技能的传授，更要关注学生的心理状态，如在体育教学过程中，关注学生的心理变化情况，并针对性地调整教学方案与教学思路，满足学生的心理预期。要及时疏导学生的不良情绪，善于发现和掌握学生的心理变化情况，发挥体育的心理价值与功能。

其二，将心理素质作为评价指标之一。在高校体育教学中，科学的评价方式尤为重要。传统的课堂评价重点关注学生的知识、技能的掌握，对其他素质的评价不够充分，所以评价结果很难被应用到体育教学的具体实践中。为此，教师应关注学生的心理素质，并将其作为主要的评价内容之一，为后续的体育教学创新提供必要条件。

第二章 高校体育课程教学内容及发展

体育课程教学内容是为了达到体育课程教学目标而选用的体育知识和技能的体系，是实现体育教学目标的载体。体育课程教学内容在体育课程教学体系中居于重要地位，它上承教学目标，下启教学活动，是体育教材改革和体育课程设置的重要依据。优化体育课程教学内容对改善体育课程教学效果具有重要意义。

第一节 体育课程教学内容基本理论概述

一、体育课程教学内容的概念

体育课程教学内容是依据体育课程教学目标选择的、根据学生发展需要和教学条件加工的、在体育课程教学环境下传授给学生的体育知识、运动技术、比赛方法等的总称。

二、体育课程教学内容的分类

体育课程教学内容的常见分类方法有以下几种：

（一）交叉综合分类法

主要以身体素质或运动项目为依据的分类方法比较单一，划分的类型不全面，因此有学者提出了新的分类方法——"交叉综合"。交叉综合分类法将身体素质和运动项目综合起来分类，将体育课程教学内容大致分为通用部分和选用部分，其中通用部分包括了身体锻炼和体育卫生保健常识两方面的内容。

（二）教学目的分类法

交叉综合分类法缺乏逻辑性，还有一种比以身体素质分类和以运动项目分类层级更高的分类方法，即"教学目的分类法"。教学目的分类法根据教学目的，如"提高学生身体素质""提高学生心理素质""纠正学生体态"等对教学内容进行分类。

（三）体育能力发展分类法

在现代体育课程教学改革中，个性化教学理念受到了关注，学校越来越注重培养学生的个体能力，发展学生的个性。体育课程教学目标也不断拓展，除了使学生掌握知识与技能，提高学生的健康水平等，还包括培养学生的终身体育意识及能力。有关学者从新的教学理念和教学目标出发，提出了体育课程教学内容分类的新方法，即"体育能力发展分类法"。

在体育课程的每个教学阶段中，基本都会出现基础类、提高类和拓展类教学内容。在体育课程教学中，教师要科学安排各类内容，根据体育课程教学现状、学生基本情况等，按照从低到高、从简到繁、从基础到提高的顺序安排教学内容，符合学生的体育能力发展规律，从而提高体育课程教学内容的实效性，提高各阶段的体育课程教学效果。

三、体育课程教学内容的层次

体育课程教学内容可分为四个层次，分别是介绍性内容、锻炼性内容、粗学内容和精教内容。

（一）介绍性内容

体育介绍性内容要求一次性教好，在以后的教学中不必过多重复，一般主要采用大单元的方式教授。

（二）锻炼性内容

锻炼性内容主要包括体能锻炼内容、体验性和知识性内容，这些内容在体育课程教学中各自占有一定比例，一般主要采用小单元的方式传授。

（三）粗学内容

粗学内容可以专门来教，也可以作为辅助内容穿插在其他内容的教学中，主要采用小单元传授方式。这类内容健身价值突出，趣味性强，所以广受学生欢迎。

（四）精教内容

体育课程重点教学内容一般都来自精教内容，所以必须重视这个层次的教学内容，每节体育课中这类内容不能占太多比例，否则课堂效率就会受到影响，所以一般以大单元传授为主。

以上各个层次的教学内容都有自己的特征、地位、作用及意义，因此在学期体育教学计划的制订中，要根据教学目标、教学任务、教学条件等有针对性地安排各层次内容，保证各层次内容在最适宜的时机出现在课堂中，以改善课堂教学效果，尽快实现教学目标。

第二节　体育教学内容的结构

我国的体育教学内容包含理论和实践两部分。从小学、中学到大学，教学内容均以体操、田径、篮球、排球、足球、武术、舞蹈、游泳、滑冰等动作项目为主体，尤以田径和体操为重。但在现实中,进入高校后,许多学生由于基础运动技术没学好,身心发展受到影响。部分高校的体育教学既不能满足社会的需要,也不能满足学生的需要。当然,这不是说运动项目不能作为体育教学内容,任何时候这些竞技项目都是体育教学中的重要内容。关键是整个教学内容结构应该贴近社会和生活,符合学生的身心发展特点。因此,研究教学内容结构相关理论,探讨体育教学内容的选择原则等,对提高体育教学效率是十分必要的。

一、体育教学内容的结构特征

体育教学内容的结构是指体育教学中特定的内容之间的分工配合。它必须既能满足社会的需要,又能满足作为教学主体的学生的需要。换句话说,就是学生只会对能满足自己需要的教学内容产生兴趣。因此,教学内容的优化组合是体育教学内容结构的关键,而社会需要是社会对教育目标的要求。社会需要和学生主体需要具有统一性,但它们满足的层次和时间顺序上是不一致的,必须把握体育教学内容结构的基本特征。

(一)目的性

体育教学内容结构具有明显的主观目的性:当客观需要和主观目的一致时,所建立的体育教学内容结构才是合理的。首先,在不同的学习阶段,学生对体育教学内容的需要是不一样的。其次,体育教学的内容结构要有利于学生形成合理的认知结构、技术技能结构、能力结构和体育方法结构。

(二)联系性

体育知识和运动技能的种类是极其丰富的,任何体育教学内容结构都只能包含其中的一部分。通过学习这些内容,学生可以打下良好的体育运动基础,并建立良好的体育能力结构,为自身的进一步的发展创造条件。

体育教学内容结构的联系性表现在以下方面:

1. 具有横向特点的广泛性

学生身心的发展要求是全方位的，体育教学内容既包括保健、营养、卫生、锻炼原理、竞赛规则等基本知识，又包括促进身体发展的各种运动技术技能和练习方法。

2. 具有纵向特点的复合性

教学内容要随着学习的推进逐步深化，这是教学的基本规律。但是体育教学目标是多元化的，它的实现依赖于多种教学内容的综合效应。复合性和广泛性的结合，可以提高体育教学内容结构的全面性和协同性，教学内容的广博性和教学内容之间的联系性对于学生创造性的发展也是非常有利的。

（三）相容性

体育教学内容结构的相容性，表现在体育教学内容结构内部相互渗透、彼此贯通上。作为一个知识结构，体育教学内容结构应该是纵向联系、横向相关的，这种结构内部相互关联的特性，必然要求不同的内容之间彼此相容。体育教学内容结构的相容性使教学内容的选择具有更大的灵活性，体育知识技能具有更强的综合性。

（四）动态性

体育教学内容结构要想跟上体育科学的发展步伐，符合社会发展的需要，就必须具有动态性。新的知识要及时在体育内容结构中反映出来，因为社会对人才素质的要求是不断变化的，例如，现代社会快节奏、高竞争性的特点，对人才的竞争力、创造力和良好的心理素质有了更高的要求。因此，体育内容结构总是处在一个动态的变化之中。

（五）实践性

体育教学内容以实践为主，这是体育的本质决定的。活动性内容应以在实践过程中对身心健康水平的良性影响为依据，换句话说，就是要考虑它对体育教学目标的贡献。使之既能产生教学内容体制改革具有的个别优势，又能形成多种内容结合而成的结构优势。

二、体育教学内容选择的原则

体育教学内容非常丰富,而真正作为教学内容的仅仅是其中的一部分。选择体育教学内容时应遵循以下原则:

(一)实践性和知识性相结合的原则

实践性和知识性相结合是由体育的本质决定的。通过实践,学生要使身体的大肌肉群得到活动,各内脏器官系统得到锻炼,同时体验到体育活动的乐趣,这些都是以体育教学内容作为媒介来实现的。知识性主要体现在"为什么做、怎么做、为什么要这样做"上,这固然要通过基础理论内容来讲授,但更多的是在实践中体验和理解,通过运用来强化。体育教学内容发挥的作用就是将实践与知识连接起来。

(二)健身性和文化性相结合的原则

健身性是体育教学区别于其他教学的显著特点。文化是人类认识世界、改造世界和适应环境的产物。健身性和文化性相结合,就是体育教学内容既要具有良好的健身价值,又要具有丰富的体育文化内涵。

(三)民族性和世界性相结合

体育的形式和内容总是与一些国家或地区的民族传统文化有关。体育教学内容仅强调民族性是不够的,任何民族,无论多么优秀,在发展过程中总会受到各种因素的影响,总会具有一定的局限性。因此,必须将民族性和世界性相结合,在保留优秀的民族体育内容的基础上,充分吸取来自世界范围内的优秀体育内容,将它们融合在一起,使之形成一个优势互补、功能齐全的体育教学内容体系。

(四)继承性和发展性相结合

继承优秀的传统文化是教学的重要功能。文化的继承是有选择的、批判的,对于传统体育内容,高校应在有选择继承的基础上进一步丰富其内涵,在保留其原有特点和精华的前提下使其更具有时代气息。

（五）统一性和灵活性相结合

体育教学内容要面向全体学生，它必须有基本的要求，有一个相对统一的标准，使体育教学有一个较为规范的目标。我国地域辽阔，各个地区的经济条件有差异，教学基础不同。即使是处于同一个教学阶段的学生，都会表现出不同的特点，因此，教学内容必须根据教学条件和学生特点，兼顾统一性和灵活性，才能有利于促进学生身心的全面发展。

三、体育教学内容与教育内容的共性

由于体育教学内容是教育内容的一个有机部分，因此，它首先与教育内容具有共有的特点，这些特点是：

（一）教育性

体育教学内容的教育性体现在对学生的身心发展有好处；摒弃了落后的东西，如伤害性搏斗等；既有冒险性又比较安全；适合大多数学生；避免过于功利性等五方面。

（二）科学性

由于体育教学内容是在学校进行的，有目的、有计划的系统的教学内容，因此需具有很强的科学性。体育教学内容的科学性主要体现在具有丰富内涵，是人类文化和科学的结晶；科学和文化含量高；内容的编制和教学遵循有关教学内容等方面。

（三）系统性

体育教学内容的系统性表现在体育教学内容本身的系统性，以及根据教育的目标、学生不同年龄阶段的生长发育特点、教学环境和教学条件，认识体育教学内容的内在规律性特点，有逻辑地安排各个学校、各个年级的教学内容，并处理好他们之间的相互关系。

四、体育教学内容的特性

体育教学内容除与教育内容具有上述共性外，还具有自身的特性。

（一）运动实践性

运动实践性是体育教学内容最突出的一个特点。体育教学内容与体育实践活动密切相连，受教育者本人必须在参与运动时才可能真正学好这些内容。当然体育教学内容中也有知识和道德培养的内容，但是体育内容中的知识学习和道德培养，也必须通过运动学习和实践体验实现，这一点与其他学科的教育内容形成了鲜明的对比。

（二）娱乐性

体育教学内容来自各种身体活动，而这些身体活动的绝大部分又来自人的娱乐性运动，所以体育教学内容自然具有运动的乐趣和娱乐性。体育教学的效果也受到体育教学内容娱乐性的影响，这也是体育教学内容与其他文化课内容的主要区别。

（三）健身性

由于体育教学内容中的很大一部分是运动技能的学习与练习，所以体育教学内容的学习就必然会对身体形成一定的运动负荷，体育学习和练习都会对身体产生锻炼的作用。可以说，体育教学内容的健身性特点是其他教育内容所不具备的。

（四）人际交流的开放性

由于体育教学内容多以集体活动的形式进行运动学习和竞赛，而运动是以位置的变动来进行的，因此体育教学内容与其他教育内容相比具有更明显的人际交流的开放性。体育教学内容以这种人际交流的开放性为基础，使得体育教学过程中师生、生生之间的关系更加密切、开放。体育教学中各种角色的变化远远多于其他学科。

（五）空间的约定性

体育教学内容还有一个"空间约定性"特点，因为有很多运动是在固定的场地上进行的，甚至是以场地来命名的。体育教学内容的空间制约性，使体育教学内容对场地、器材具有很大的依赖性，使得场地、器材和规则本身也成为体育教学内容的重要组成部分。

第三节 高校体育课程资源的选择与开发利用

一、高校体育课程资源的选择

（一）高校体育课程资源的选择原则

1. 思想性与趣味性相结合

使学生树立良好的终身体育意识、培养学生的体育道德和竞争意识，是社会对高校体育课程教学提出的要求。在体育课程教学中，教师要注重培养学生的学习兴趣，选择学生感兴趣的教学形式，这对提高学生的学习效率、激发学生的潜能、培养学生的终身体育意识具有积极影响。因此，选择体育课程资源时，应坚持思想性与趣味性相结合的原则，寓教于乐。

2. 实践性与知识性相结合

选择体育课程资源时，要坚持实践性和知识性相结合的原则，这是由体育的本质决定的。学生参加体育实践，不仅可以锻炼身体，还能感受到运动的乐趣，获得成就感。贯彻知识性原则，就是要向学生讲授相关理论知识，学生最终还是要在实践中理解、体验与内化理论知识。

3. 健身性与文化性相结合

选择体育课程资源时，必须坚持健身性和文化性相结合的原则。健身性主要是指体育课程的健康促进功能，文化性主要是指教师在体育教学过程中传递体育文化，培养学生正确的体育态度和体育观念，使学生形成良好的体育意识。

（二）体育课程资源的选择方法

常见的体育课程资源的选择方法有以下几种：

1. 加工改造法

体育教师选择体育课程资源时，需要依据体育教学目标和学生的情况，加工改造不符合学情、校情的资源。此外，体育教师还要根据学生的接受能力适当调整课程资源的结构，以便学生的学习能够更加顺利。

2. 开发创编法

新一轮基础教育课程改革后，各地体育教师对民族民间运动项目进行了不同程度的开发，获得了一定的成果。教师在选择体育课程资源时，不仅可以自己编选内容，还可以让学生自主开发，从而培养学生的创新能力。

3. 层层筛选法

层层筛选是指依据不同教学阶段体育教学目标的主次顺序，由主及次地筛选体育资源的方法。

二、高校体育课程资源的开发利用

（一）体育课程资源开发过程

体育课程资源的开发过程包括准备、实施和总结三个环节。

1. 准备环节

准备环节主要包括设计开发方案、组织人力资源等，以便开展下一阶段的工作。准备工作具体包括组织准备和方案准备，它们分别对应"谁来开发"和"开发什么"的问题。组织准备的过程为"成立开发小组—确定人员分工—建立办事机构—聘请专家、顾问"；方案准备的过程为"明确开发目标—收集相关信息—编制开发方案"。

2.实施环节

实施环节是整个开发过程的核心与关键,在这一环节要落实上一环节设计的开发方案,具体解决如何开发、怎样开发的问题。体育课程资源是丰富、复杂、广泛的,所以在实施环节需要不断尝试、改进、验证,这是一个循环往复的过程。

3.总结环节

总结环节是最后一个环节,主要是回顾和评价前两个环节的工作,展示成果,发现不足,总结经验教训,以便为下一次开发提供经验。总结环节的主要工作包括整理开发成果、收集相关信息、评价、撰写总结报告和推广开发成果。

(二)不同体育课程资源的开发与利用

1.竞技运动项目的开发与利用

竞技运动是传统体育课程的主要教学内容。提高运动成绩是竞技运动教学的目标,但这个教学目标一定程度上忽视了学生的身体健康,不符合体育课程教学新理念。因此,如果要在体育课程中纳入竞技运动,就要对其进行适当改造,剔除弊端(如单纯追求运动成绩),发挥优势(如可以鼓励、激励学生)。改造竞技运动项目,首先要简化竞赛规则,去除对学生健康不利的规则,留下有利于激发学生兴趣的规则,甚至可以根据学生的实际情况和学校教学条件来适当改变原来的规则,即异化规则。简化与异化规则对体育教师的能力提出了一定的要求,体育教师要充分发挥主导作用,适当改造竞技运动项目,完善课程设计,使其与学生的身心发展规律和学习需求保持一致。

下面分析几种常见的竞技运动项目改造方法:

①对竞技运动项目的技术结构进行简化,降低难度,帮助学生减轻身心负担,但不能影响运动项目增强学生体能、增进学生健康的功能的发挥。

②根据教学实际对场地器材的规格进行调整,修改比赛规则,增加趣味性规则,提高学生参与的兴趣。

③根据学生的身心发展规律调整运动负荷,预防运动损伤的发生。

④充分挖掘竞技运动项目的多种功能,需要重点考虑健身、健心、社会交往等方面的功能。

2.民族民间体育项目的开发与利用

我国民族民间体育文化丰富灿烂，对宝贵的民族民间体育项目资源进行开发利用具有重要意义。挑选与整理民族文化色彩和民族特征鲜明且在某一或某些地区广泛开展的体育活动，并将其引入体育课堂，不仅可以提高学生的学习兴趣，使学生在实践中增进健康，还能使学生增加对我国优秀传统文化的了解，激发学生的民族自豪感，促进中华优秀传统文化的传播。

第四节　高校体育隐性课程与校本课程的科学开发

一、高校体育隐性课程的科学开发

（一）体育隐性课程概述

1.体育隐性课程的界定

以间接、内隐的方式进行的体育课程就是体育隐性课程，体育隐性课程主张利用各种体育教育因素对学生施加间接、内隐的影响，使学生获得潜移默化的熏陶与感染，正所谓"随风潜入夜，润物细无声"。

2.体育隐性课程的特点

体育隐性课程的特点是针对体育显性课程而言的，具体表现在以下几方面：

（1）全体性

全体性是针对教学对象而言的，全体教学对象在体育隐性课程中都会受到影响。

（2）弥散性

弥散性是针对教育载体而言的，体育课堂氛围、课外体育活动等体育教育载体无处不在。

（3）隐蔽性

隐蔽性是针对教育方式而言的，体育隐性课程对学生产生的潜在、隐蔽的影响是不容易被发现的。

（4）非强制性

非强制性是针对教育手段而言的，体育隐性课程不会对心理正常的个体产生强制性影响。

（5）广泛性与侧重性

广泛性与侧重性是针对教育经验而言的，体育隐性课程将广泛的教育经验传递给学生，但这些经验是有所侧重的，主要是非学术性知识和非理性文化。

（6）两重性

两重性是针对教育心理而言的，体育隐性课程是有意识的，如教育者研究与开发体育隐性课程是有意识的心理活动。体育隐性课程也是无意识的，如学生在潜移默化中受到影响与感染是无意识的心理活动。

（7）两面性

两面性是针对教育结果而言的，体育隐性课程可以产生正效应，也可以产生负效应，也就是说产生的影响可能是积极的，也可能是消极的。

（8）个性差异性与持久性

个体差异性与持久性是针对教育效果而言的，体育隐性课程对不同个体产生的影响是有差异的。在体育隐性课程中，个体受到潜在影响，某些心理品质逐渐形成，并长期保持稳定。

3.体育隐性课程的内容

体育隐性课程需要各种载体的支持，这些载体就是体育隐性课程的内容。高校体育隐性课程的内容较复杂，可以概括为以下几点：

第一，学校体育运动（课堂体育活动及课外体育活动）。

第二，学校体育物质环境（如学校体育场馆、器材、艺术品等）。

第三，学校体育传媒（如体育图书、报纸、杂志、广播、电视等）。

第四，学校体育文化生活（如学校运动会、校园体育节等）。

第五，学校体育氛围、体育舆论、体育教学中的人际关系等。

第六，体育教师的仪态、人格、教学风格、管理方式等。

第七，学校体育管理方法或措施。

（二）体育隐性课程的开发原则

开发体育隐性课程，需要贯彻如下几项重要原则：

1.优化选择

体育隐性课程所产生的作用既可能有积极的一面，也可能有消极的一面，而且不同隐性课程所起的积极作用也有大小程度的区别。所以在体育隐性课程的开发过程中，要认真审核各种体育信息、文化、经验，适当加工处理，加强对消极因素的控制，实现消极向积极的转变，将负面影响降到最低甚至将其完全消除，同时强化积极作用，使正面影响不断扩大，优化体育隐性课程经验，以通过体育隐性课程更好地促进学生健康发展。

2.注重一体化

这里所说的"一体化"具有以下几方面的含义：

（1）体育显性课程与隐性课程的一体化

体育显性课程与隐性课程存在明显的差异，主要体现在教育方式、教育经验等方面。但二者在某些方面也是具有一致性的，主要体现在教育目的上。如果教育目的不一致，教育的方向与效果就会受到影响，所以，在体育显性课程的开发中，要对其潜在影响给予关注；在体育隐性课程的开发中，应对其显性影响给予关注，从而促进体育显性课程与隐性课程的协调统一，快速实现教育目标。

（2）体育隐性课程载体的一体化

体育隐性课程既有物质载体，又有精神载体；既有有形载体，又有无形载体。总之，体育隐性课程的载体丰富多样，且较为复杂。只有全面组织、合理安排各种载体，才能使各载体的效能发挥到极致。因此，在体育隐性课程的开发中，要树立全局观，对体育隐性课程的各种要素统筹规划、周密安排，不能忽视任何一种重要因素，否则将会影响课程效能的发挥。

（3）学校教育、家庭教育和社会教育的一体化

在青少年教育系统中，起主导作用的是学校教育，家庭教育与社会教育起重要的辅助作用。学校教育与家庭教育、社会教育关系密切，因为任何教育都不能完全孤立地进行。在体育隐性课程开发中要紧密结合这三方面，坚持"三位一体"，形成教育合力，增强教育效果。

3.因地制宜

不同学校有不同的传统特色和体育文化环境，因此各校中体育隐性课程的表现形态也存在一定差异。所以在体育隐性课程的开发中，要贯彻因地制宜原则，结合各校客观实际，对优势条件与资源进行挖掘与利用，提高体育隐性课程建设效果。

4.重点突破

在体育隐性课程的全面开发中，平均用力会影响课程开发的效率与成果，因此要有重点地突破，以尽快取得可观的成果。在具体开发过程中，开发人员要从特定需要出发，根据环境及各相关要素的变化灵活调整，对体育隐性课程要素的选择应有针对性和目的性，突出重点，以形成特定的情境氛围，对学生产生积极影响，使教育目标能够更快地实现。

（三）体育隐性课程的开发途径

体育隐性课程载体即丰富多样的体育隐性课程内容，这些载体（内容）也是体育隐性课程开发的主要途径，下面简要分析几种途径：

1.体育课堂教学内容

很多体育隐性课程载体都能使学生获得体育理性文化，其中最重要和最有效的载体是体育课堂教学内容。除了能使学生获得体育理性文化外，体育课堂教学内容还能使学生不同程度地获得体育价值取向、体育理想、体育情感、体育信念等体育非理性文化，这些内容隐含于课堂教学内容中，可见体育隐性课程同时具有隐性影响和显性影响。

2.体育教育管理方法

这里重点指体育教师对学生的管理方法。以管理决策者的类型为依据，可以将体育教育管理方法分为以下三种类型，它们会对学生产生不同的影响：

（1）专制型管理

在专制型管理中，教师教学的言语、表情、方式等总是带有命令性，为了控制学生，教师经常采用批评和惩罚的手段，而对学生的意见和需求不予理会。在这种管理方式下，教学氛围总是压抑的，学生消极、被动学习，一味顺从，缺乏独立性。

（2）放任型管理

一些不负责任的教师采用"放羊式"管理方法，任学生"自由""轻松"地学习，但许多学生对学习目标与任务不明确，并且学生的独立学习能力不一，再加上缺乏统一的组织管理，导致学生学习效率低。

（3）民主型管理

在这类管理中，教师教学态度亲和，经常考虑学生的需要，听取学生的意见，给予学生很多的鼓励，并且与学生一起制订符合实际情况的教学计划，师生共同配合完成教学任务，共同追求更高层次的教学目标。学生在这样的教学氛围中，因满足自我需求和实现自我价值而主动学习，这对学生提高自主学习能力和创造能力具有重要意义。

综合以上几种管理方式来看，高校应倡导民主型管理方式，改进其他两种管理方式，并积极研究新的多元化管理方式，以提高体育教育管理效果。

3.体育教学中的人际关系

体育教学中各成员之间由交往而形成的心理关系就是体育教学中的人际关系，一般用"心理距离"来表示人际关系的密切程度。师生关系和同学关系是体育教学中人际关系的主要表现。

体育教学中的人际关系具有重要影响，主要表现在以下几方面：

第一，影响班级成员、班集体及其所属的整个组织系统的存在与发展。

第二，影响班级教学活动与管理活动。

第三，影响学校体育教育职能和组织效能的发挥。

体育教学中人际关系的影响具体表现如下：

（1）影响学习效果

体育教学中人际关系的好坏对学生的学习效果有直接的影响。班级内部良好的人际关系是激发学生学习热情的重要外部条件，能够使学生在学习中充分发挥主观能动性、创造性，提高学习效率；反之，如果班级内部人际关系差，学生之间有冲突、摩擦，则会妨碍学生的学习，影响学习效果。

（2）影响心理健康

人际关系与情绪体验的联系比较密切，人际关系能够直接引发某种强烈的情绪，而且这种情绪又具有一定的持续性，会影响人的心理健康。所以，体育教学中的人际关系会影响教师与学生的心理健康。如果人际关系不和谐，就会使师生感到紧张不安，一些心理素质较差的学生还会出现心理障碍甚至心理疾病。

（3）影响个体发展

体育教学中和谐融洽的人际关系有助于提高师生之间、生生之间交往互动的频率，促进交往质量的提升。学生在与教师、同学的交往互动中可以获取知识和信息，可以进行思想情感交流，这对交往双方的成长与发展都具有重要意义。

（4）影响团结

团结一致和极高的凝聚力建立在良好的人际关系基础上。从师生关系与同学关系的实际情况中，可以反映出来班集体的团结程度。如果班集体内人际关系和谐融洽，这个班级往往士气高，很团结；反之，如果班集体内人际关系差，矛盾冲突多，这个班级肯定不够团结，凝聚力差。

4.学校体育风气

学校体育风气是指学校在体育教育方面养成并流行的较为普遍、稳定的具有独特性的思想行为作风。良好的学校体育风气所产生的教育力量是无形的、巨大的，对学生的影响是潜移默化的。

学校不可能在短时间内就形成持久稳定的良好体育风气，体育风气的形成要经历一个长期过程，在大量的实践活动中逐步形成，这需要学校体育工作者及全体师生积极参与，长期努力坚持，配合学校各项体育工作的开展。具体来说，可以通过以下措施来加快学校良好体育风气的形成：

①争取学校领导在物力、人力、财力、政策等方面的支持。

②促进体育教师及其他体育工作者综合素质的提升，提高学校体育教育工作效率。

③加大对校园体育活动及健康理念的宣传力度，培养学生的锻炼意识。

④改善学校体育教学硬件条件，健全学校体育管理规章制度。

⑤构建"三位一体"（学校、家庭、社会）的立体化体育教育网络。

二、高校体育校本课程的科学开发

（一）体育校本课程开发的基本理念

1."以学生为本"理念

不管开发什么类型的课程，都必须同时对学生需要、社会发展和学科知识体系这三个要素加以考虑，采用的开发模式不同，则这三个要素的侧重点不同。如果是开发国家本位的课程，社会发展和学科知识体系往往是被重点关注的因素，学生的学习需要特别是不同学生的个性化学习需求容易被忽视。如果是开发学校本位的课程，学生的学习需要是首要考虑因素，同时也要兼顾学科知识体系与社会发展这两个因素。高校应树立"以学生为本"的理念，尊重不同学生的个体差异，了解并满足学生的个性化学习需求。

2.公平理念

开发校本课程并不意味着学校要大包大揽，要独自将所有课程开发事务都包揽下来，这是由众多人员共同参与的民主决策过程，参与者主要包括课程专家、教育人员、校长、师生、学生家长，以及相关社会人士等。这些人都享有公平参与校本课程开发的权利。

3.合作理念

开发校本课程需要由教师做课程实施的决策，具体的各项决策应由相关人员共同参与。这就在校本课程的开发过程中形成了以教师为主体，课程专家、学生、家长和社会相关人士共同参与的合作共同体。这个共同体中的成员之间可以平等交流、相互合作、自由发表意见，共同参与课程开发相关问题的探讨，最终通过协同配合制定出大家共同认可的开发方案。

（二）体育校本课程开发应注意的问题

作为体育新课改的一个亮点，校本课程越来越受重视，许多学校通过开发校本课程来彰显学校特色，促进学生个性化发展。在体育校本课程的开发中，应重点注意以下几个问题：

1.探索体育教师专业发展与体育校本课程开发的同步机制

体育教师的专业发展与体育校本课程的开发密不可分，具体从以下两个方面来理解：

第一，专业的体育教师队伍是开发体育校本课程的重要力量，教师的课程意识、课程开发能力等会对课程开发产生直接影响。现阶段我国体育校本课程开发困难，主要就是因为缺乏专业素质水平高的体育师资力量，很多体育教师不具备课程意识，课程开发能力较弱，而且参与课程开发的积极性不高。

第二，体育教师参与体育校本课程开发，可以增强课程意识，提高自身的课程开发能力，最终促进自身专业素质的提升。可见校本课程开发是教师自我提高的重要途径。

因为教师的专业发展与校本课程的开发具有密切联系，所以要加快建立将二者结合的有效机制，使二者同步发展。实践证明，体育教师在体育校本课程开发中确实能够获得很多专业层面的收获，这不仅是因为学校对他们进行了专业培训，更重要的是他们可以在课程开发中主动学习、思考、探索、实践，不断突破自己，最终在专业素质上实现质的提升。

总之，校本课程的开发需要专业教师的支持，需要对教师的专业发展予以关注，如此才能实现校本课程开发与教师专业能力的同步发展、互动发展。

2.研究体育校本课程区域推进的外在评价机制

现阶段，体育校本课程开发缺乏明确、具体和操作性强的政策，所以开发体育校本课程的环境与空间较为宽松、自由，但与此同时，校本课程开发的外在评价处于空白。因为缺乏校本课程的外在评价机制，所以在一定范围内我们无法判断开发的校本课程是好是坏，是优是劣，缺乏甄别的科学标准。针对这个问题，我们急需建立区域性的校本课程外在评价机制，从而为区域性的校本课程开发提供指导。

评价校本课程的开发质量时，可将量化评价与质化评价结合起来。校本课程的评价指标体系应包含以下内容：

第一，校本课程开发的要素（课程目标、课程内容、课程组织、课程供应等）是否全面，各要素是否一致。

第二，课程是否能够使学生的兴趣爱好得到满足，是否令学生、教师满意。

第三，课程是否有绩效，课程目标能否体现出学生在各方面的进步与提高，学生通过努力是否能够达成课程目标。

第四，课程是否具有学校特色，能否体现出不同于其他学校课程的特征，是否具备其他学校没有的优势

第五，课程能否满足地方需求，师生、家长、课程专家等是否有机会平等参与课程决策。

3.探索体育校本课程区域推进的保障机制

目前，体育校本课程开发还处于"边缘状态"，虽然有开发的方向，但是没有明确的决策，这种状况还会持续很长一段时间，区域层面对校本课程开发不予干涉，这为学校开发校本课程提供了充足的空间与自由，但学校体育校本课程的开发还是离不开区域层面的支持与帮助，因此要构建区域性的保障机制，推动校本课程开发进程。

4.创建校本课程开发区域性资源库

开发体育校本课程，要考虑成本问题。虽然有的学校在开发体育校本课程方面成效显著，但投入的成本很高，收获与成本不成比例，甚至得不偿失。学校耗费很长的时间，投入很多的财力、物力及人力资源开发课程，如果在教学实践中该课程只有几个课时，那么就会造成浪费。对于这种情况，高校有必要引入"资源共享"的理念，在一定区域范围内创建校本课程开发资源库，提高资源的利用率，从而防止在课程开发中出现资源浪费现象。

5.研究社会资源在校本课程开发中的利用空间

随着社会的进步与经济的快速发展，教育的开放程度越来越高，国民教育体系中，学校教育、家庭教育及社会教育是关系密切、缺一不可的。校本课程开发本身就具有一定的独特性，可以将此作为连接学校、家庭、社会教育的纽带与桥梁。这不仅是因为开发校本课程需要教师、家长和社会相关人员共同参与决策，还因为家庭和社会环境中有很多教育因素可供挖掘与开发，可以衍生一些新的校本课程。

第五节　体育课程教材的合理选编

一、我国体育课程教材现状

和以前的体育课程教材相比，我国目前的体育课程教材既有统一性，又有灵活性，运动项目的固有特点和系统性被保留下来，强调运动项目的健身性、趣味性、人文性、时代性，强调体质、运动技能、情感、社会等方面的教学目标，这些都是体育课程教材进步的表现。但我国目前的体育课程教材还存在一些不足之处，具体表现在以下几个方面：

（一）过于重视统一性，缺乏灵活性

目前的体育课程教材中，基本部分（统一性部分）所占的比例大约为70%，每项内容都对学时数进行了规定，每学年的总学时数相对固定，而选用部分的教学内容仅占30%。从教学内容的结构来看，教材过分重视统一性，缺乏一定的灵活性。我国地域辽阔，各地地理环境存在差异，经济水平有高有低，体育教学环境与条件也有比较明显的差别，学生的身心发展也呈现出不同水平，即使是同龄学生也不一定同步发展。而各地体育课程教材的内容、学时数安排、教学要求等基本无异，具有很大的局限性，这给各高校开展体育教学带来了困扰。

（二）强调共性，没有突出个性化

目前，我国体育课程教材过于强调共性，个性化不突出，主要体现在以下几方面：
第一，大部分是统一要求的教学内容，只有少数教学内容是个性化的。
第二，考核标准是统一的，无法考查学生的发展情况。

第三，很多指令性内容重复出现，变化性内容少，不利于学生展现个性和才能。

（三）竞技性过于突出，缺乏娱乐性

竞技运动项目既具有健身价值，又具有激励作用，可以培养学生的竞争意识，提高学生的竞争力，所以体育教材中普遍将此作为主要教学内容。但如果过于追求竞技，强调让学生掌握标准的运动技术，并根据学生的运动技能掌握情况进行体育成绩的判定，就有可能造成体育教学的异化，因为这样的体育课与运动训练无异，缺乏娱乐性和新鲜感，枯燥单一，与高校学生身心特点不符，也无法满足学生的学习兴趣和需要，难以吸引学生参与。

（四）强调增强体质的意识，忽略了终身体育意识

增强学生体质是学校体育教学的首要目标，但仅将此作为选编体育课程教材的依据并不一定合适，主要原因如下：

第一，从身体锻炼的影响来看，要通过每周几节体育课来实现增强体质的目标是很难的，只靠体育课来增强学生体质不现实。

第二，高校年学生精力充沛、生命力旺盛，他们对增强体质的需要并不迫切，对体育锻炼的效果也不是很重视，所以围绕增强体质和提高锻炼效果而确定的教学内容，难以将学生的学习热情与积极性调动起来。因此，选编体育课程教材时，要考虑学生的体育兴趣爱好，要引导学生端正体育态度，掌握体育方法，提高体育能力，体验体育乐趣，树立终身体育意识，逐渐提高学生的社会化程度。

二、合理选编体育课程教材的几点要求

（一）突出健身性

健身性是体育的本质，提高学生的健康水平是体育课程教学最重要的目标之一。体育课程教材的选编要突出健身性特征，具体表现如下：

1.考虑体育教材的健身功能

不同的教材，练习的效果往往是不一样的，同样的教材用于不同的教育对象，在效果上也会有差异。因此要根据教学对象的身心发展特点来合理选编教材。

2.考虑体育教材对心理的积极影响

教材对学生的心理有重要的影响，选编教材时要考虑是否对学生的发展有益，能否促进学生身心全面健康发展。

3.考虑体育教材的优化功能

一般情况下，只要合理运用教材，教材对学生健康的促进作用都能得到充分发挥。但不同教材的影响程度不一样，同样的教材、不同的教学方法所产生的效果也不同。因此，高校要争取选编出最具健身效果的教材，既要注意教材本身的健康价值，又要注意教材的合理搭配，以取得最佳效果。

（二）具有典型性

体育课程的教学内容非常丰富，教材类别多，同类教材项目也多，教学内容仅为其中的一小部分，选择空间很大。因此，选编体育课程教材时应注意典型性，具体表现如下：

①在能达成同一教学目标的各类教材中，选择最具代表性的教材。

②在可以达成同一教学目标的同类教材中，选择最具代表性的教材。

③选编的教材在同类教材中，应在技术结构上具有代表意义，从而为学生学习其他同类教材奠定基础，产生正迁移作用。

（三）注意文化性

体育不但具有外在的运动行为方式，而且具有内在的价值观念、意识形态和行为规范等，这些无疑是体育文化的重要组成部分。选编体育课程教材时要充分考虑教材的文化性，具体要注意以下几点：

①注意对优秀传统教材的继承，使之得到发展。

②注意对优秀民族教材的选择，使之能够发扬光大。

③注意对世界优秀教材的吸收，使教材体系更具有时代气息。

④注意挖掘教材的文化内涵，加强对学生非智力因素的培养，使学生形成正确的价值观念、良好的体育道德和符合时代要求的体育行为规范。

（四）增强娱乐性

使学生树立终身体育意识和形成终身体育能力是体育课程教学的主要目标。如果体育课程教材具有娱乐性，会更有助于学生形成终身体育意识和终身体育能力，所以要增强体育课程教材的娱乐性，使学生体验体育运动的乐趣，领略体育的魅力，提高学生参加体育活动的积极性和自觉性，使学生精神愉悦，形成良好的体育态度。

（五）讲究实用性

体育课程教材是学生学习体育知识、增强体质、培养终身体育意识和能力的载体。因此，体育课程教材的实用性是非常重要的，具体表现在以下几个方面：

①体育课程教材对激发学生的体育兴趣、培养学生的体育能力、促进学生的身心发展有着促进作用。

②选编的体育课程教材要有适宜的教学条件作保证，有推广的条件和价值。学生在课余既愿意练，又有条件练，有助于学生培养良好的锻炼习惯，为学生树立终身体育意识和形成终身体育能力奠定良好的基础。

③选编的教材对体育课程教学目标的实现有较高的价值。这种价值是其他教材所不具备的，这就是通常所说的"最优化"。

（六）体现时代性

体育课程教学内容随着时代的进步而产生适应性的变化。当今社会生活节奏加快，竞争加剧，加上营养过剩等各种因素交织在一起，使人们开始关注健身运动、健美运动等社会体育活动，以及娱乐性较强的休闲娱乐体育，人们开始重新看待健康问题。高校应关注社会体育的趋势和动态，并对其中一些内容进行教材化改造，使它们成为体育教材体系的一部分，使体育教材具有时代特点，与社会保持动态平衡。

第六节　体育课程教学内容的优化与发展

一、体育课程教学内容的优化

对体育课程教学内容进行优化，关键是要优化体育课程教学结构，具体包括形式结构与实质结构的优化。

（一）形式结构的优化

形式结构指的是体育课程教材等在体育课程教学中起辅助作用的内容。优化体育课程教学的形式结构，可以使学生正确认识、认真对待体育课程，可以缩短学生学习体育知识与技能的时间，深化学生对体育课程教学内容的理解，提高学生的学习效率和教师的教学效率。总的来说，优化体育课程教学形式结构就是优化体育课程教学理论体系。

（二）实质结构的优化

体育教师在授课过程中是带有主观意愿的，具体表现在教师对课程结构的构思与理解中，教师以自身的思维、理解和行动对体育课程主题加以确定，对课程内容进行合理安排，对教学方法进行优化设计，从而向学生传授体育知识及技能，使学生学有所获、学有所成。

科学研究与实践经验表明，对体育课程教学内容体系进行优化，要尽可能使教学内容与教学目标保持一致，将形式结构的优化与实质结构的优化都重视起来，促进体育课程教学内容体系的优化与完善，从本质上提高教学内容的科学性。

二、体育课程教学内容的发展对策

（一）以人为本，明确教学定位

学校体育课程的教学目标是随着时代的进步与社会的发展而不断变化的。目前来看，其大概经历了"技能—体质—健康"的演变过程。如今，社会的快速发展对人们的生存能力及综合素质提出了更高的要求，人们既要有健康的身心，又要能在激烈的竞争环境中高质量地生活与工作。体育课程教学改革要求以学生发展为中心，确保所有受教育者受益。

"以人为本"是体育课程教学的重要指导思想，该理念能够正确引导学校对不同类型人才进行培养。确定指导思想后，学校要重新定位教学目标，并正确理解不同类型教学目标的内涵。将教学目标确定好后，就要从学校教学条件和学生学习需要出发，选择符合学生身心发展特征及能够满足学生身心发展需要的教学内容，所选内容既要有助于学生对体育知识与技能的学习，又有助于培养学生的体育人文素养，还要对培养学生的终身体育意识与能力有促进作用。

（二）深入开发体育课程资源

目前，学校体育教学内容以传统教学内容为主，学校不重视开发新的体育课程资源，而且对新兴体育课程资源缺乏一定的认识。在素质教育理念下，学校必须大力改革体育课程内容，对体育课程发展空间加以拓展，加强对新兴体育资源、民族民间体育资源的挖掘与开发利用，并将体育课程中的人力资源充分利用起来，提高体育课程资源的开发利用效率。

学校开发新的体育课程资源、引进新兴体育项目时，要对学校教学环境与条件（如教学经费、硬件设置、师资力量等）、学生实际情况(如身心发展特征、认知心理、运动基础、体育兴趣等）加以考虑，从实际出发开发或引进一些能够引起学生兴趣、提高学生参与积极性的休闲、刺激类体育运动项目或具有挑战性的集体项目。同时，可结合地区优势与特色资源引进一些特色鲜明、乡土文化丰富、贴近大自然，以及便于操作的内容，使学生在参与体育项目的过程中增强文化自信，身心得到全面发展。

（三）发挥隐性体育教学内容的作用

隐性体育教学内容是无形的教学内容，如与学生生理、心理及社会性发展密切相关的体育道德、体育精神、体育作风等，这些都是体育课程教学内容的重要组成部分。在体育课程教学中开发利用隐性教学内容，会对学生产生潜移默化的作用，有助于培养学生的社会道德、集体主义精神、纪律观念和意志品质，有助于学生体育文化素养的提升。

（四）突显体育课程教学内容的健康主题

在体育课程教学内容改革中，要注重对传统教学内容结构的优化改革，使教学内容不再单一枯燥。只有丰富多彩的教学内容才能使学生产生兴趣，使学生乐于学习，在学习中达到强身健体、愉悦身心的效果。学校要多挖掘与开发利用健康价值突出、健康教育元素丰富的教学内容，将体育教育与健康教育充分结合起来，发挥体育的健康价值，提高学生的健康水平。此外，对增强学生体质、培养学生运动能力、弘扬民族传统文化、提升学生综合素质有益的教学资源都应该作为优先开发利用的对象，而对于那些单调枯燥、复杂、难度大及学生排斥的教学内容，要适当进行改革与删减，深入挖掘教学资源中的健康元素、娱乐元素、时代元素，构建具有特色的新课程内容体系。

第三章　高校体育项目教学模式探索

第一节　武术套路在高校体育教学中的创新模式

武术是中华文化的瑰宝,因此高校在开展教学工作中应充分了解武术的重要性,钻研出系统的武术套路教学方法,让学生在学习和练习的过程中获得民族认同感,并能更加深入地进行武术学习。

一、武术套路在高校民族传统体育教学中的应用现状

（一）传统体育教学模式仍占主导地位

传统体育教学模式已有几千年的历史,它在人类教育发展中曾发挥了很大的作用。传统体育教学模式一般指在某一教学思想和教学理论的指导下,运用传统的教学手段,为完成一定的教学内容而采取的教学形式。传统体育教学模式一直是我国学校体育教学的主要模式,即以教师为中心,重知识传授,忽视了学生的主体地位和对学生能力的培养。武术教学作为体育教学的一个组成部分,自然也无法摆脱这个模式。传统的"基本功—套路"武术教学模式就是在正式学习套路前,学生先进行基本功的学习和练习,并学习一些初级的套路,学生一般需要练习几年基本功,在有了一定武术基本功基础之后才能进行武术套路的学习。但是,传统的武术教学模式并不能满足高校体育课程教学的主要需求,因此应对传统体育教学模式进行改革。

（二）教学模式不完善

目前的高校民族体育教学模式有传统体育教学模式、小群体教学模式、"三双"武术教学模式、"识图法"武术教学模式、口诀体验式武术教学模式、攻防体验式武术教学模式、程序化自学套路教学模式、发展学生主动性教学模式、自选项武术教学模式等。各教学模式虽各有优点，但也存在一些缺点。

1.传统教学模式

传统教学模式注重教师教的过程，缺点是过分强调课堂结构，过分强调教师的作用。

2.小群体教学模式

小群体教学模式的优点在于增加了学生间的交流与协同合作，激发了学生的学习热情，培养了学生的竞争意识；缺点是各小组之间可能因为竞争过于激烈而产生矛盾，从而出现难以预料的情况。

3."三双"武术教学模式

"三双"武术教学模式的优点是遵循了"循序渐进"的教学原则，在教学内容的选择上比较科学，学生的运动负荷较合理；缺点是该教学模式适用于高校选修课中的武术教学，而不适合武术套路专业技术课教学。

4."识图法"武术教学模式

"识图法"武术教学模式的优点在于通过识图知识达到掌握动作、培养能力的目的，通过各种识图练习锻炼学生自学、互学、互评的独立学习能力，培养学生独立思考和创造的能力；缺点在于要求学生先具备基础的识图能力，尤其一些有难度的、复杂的套路动作，其对识图基础要求更高。

5.口诀体验式武术教学模式

口诀体验式武术教学模式的优点在于武术套路课教师不用一遍一遍地给学生演示动作，减轻了教师工作量，学生也不会做了前面的动作而忘了后面的动作，只要念一遍口诀就可以避免增加或遗漏动作的情况；缺点在于教师要提前编好教学口诀，这又在一定程度上增加了教师的工作量，增加了工作难度。

6.攻防体验式武术教学模式

攻防体验式武术教学模式的优点是有利于学生理解武术内涵，掌握武术套路；缺点是此模式是套路与散打相结合的模式，不太适用于普通武术套路技术课的教学。

7.程序化自学套路教学模式

程序化自学套路教学模式的优点在于充分尊重学生的主体性，让学生有选择的权利，可以充分调动学生的学习激情；缺点在于程序过于复杂，需要拆解动作并将其重新组合，无形中增加了教师的工作量。

8.发展学生主动性教学模式

发展学生主动性的教学模式优点在于能够有效减少教师的工作量，启发学生思维，培养学生自主学习的能力；缺点在于学生无法在学习过程中及时得到教师的指导，容易形成错误的动作定型，不易改正。

9.自选项武术教学模式

自选项武术教学模式的优点在于可以突出学生的主体地位，发挥学生特长，满足学生的个性需要；缺点是学生可能选择自己已经学会的套路，不利于学生综合素质的提高。

二、武术套路在高校民族传统体育教学中的模式创新路径

（一）解放思想，转变观念，树立教学模式多样化意识

从高等教育的内部机制角度看，我们要积极关注大众化高等教育时代出现的一些新特点，稳步探索既能体现高校办学特色，又能满足社会和个体发展的新模式，做到多模式化教学。同时，进一步解放思想，转变观念，树立新的教学理念，摒弃旧的、落后的教学模式，采用一些能够突出学生主体性、突出武术特点、突出地域特点的教学模式。

（二）以多维的教学目标观设置教学目标

《全国普通高等学校体育课程教学指导纲要》（以下简称《纲要》）对高校体育课程提出了五个领域目标：

1. 运动参与目标

积极参与各种体育活动并基本形成自觉锻炼的习惯，基本形成终身体育的意识，能够编制可行的个人锻炼计划，具有一定的体育文化欣赏能力。

2. 运动技能目标

熟练掌握两项以上健身运动的基本方法和技能；能科学地进行体育锻炼，提高自己的运动能力；掌握常见创伤的处置方法。

3. 身体健康目标

能测试和评价体质健康状况，掌握有效提高身体素质、全面发展体能的知识与方法；能合理选择人体需要的健康营养食品；养成良好的行为习惯，形成健康的生活方式；具有健康的体魄。

4. 心理健康目标

根据自己的能力设置体育学习目标；自觉地通过体育活动改善心理状态、克服心理障碍，养成积极乐观的生活态度；运用适宜的方法调节自己的情绪；在运动中体验运动的乐趣和成功的感觉。

5. 社会适应目标

表现出良好的体育道德和合作精神；正确处理竞争与合作的关系。

因此，高校应充分考虑《纲要》的要求，以多维的教学目标观来设置武术套路技术课的教学目标。

（三）加强教学模式的改革

随着高校教学本位功能的回归，教学模式的改革日益受到重视。一个教学模式的建立对应着某种教学目标的达成，但是任何一种教学模式都不是教学改革的最终模式，教学模式是随着教学改革的不断发展而不断演进的。高校应敢于改革创新，敢于实践。武术套路技术课教师也应跟随时代的步伐，顺应教学改革趋势，以终身体育为基准，以突出学生主体性为指针，加强对教学模式的改革。

（四）加大对教师的培养力度

武术套路技术课教师的理论基础水平直接影响武术套路技术课的教学质量与效果，因此应该加强对教师的培养力度，定期对教师进行考核，优化师资队伍结构。各高校还可以定期对教师进行专项培训或举办各种形式的武术教学与科研活动，在巩固其教学理论基础的同时，让教师学习武术专业的新技术、新理论、新方法。在学习中，教师可以发现自己在教学方面存在的问题，在总结的基础上及时解决问题，从而提高武术套路技术课的教学质量。也可以组织教师互相观摩教学，聆听专家讲座，开展说课、评课活动，撰写课后反思，等等。多层次、多角度的交流实践既提高了教师自身的专业理论素养，又培养了教师的教学实践能力。

（五）结合现代化技术，使教学方法和手段多样化

教师应该重视和倡导学生在学习中的自主性和探索性，不断创新教学方法和手段，激发学生学习武术套路的积极性。比如，教师可以运用多种教学方法，保留一些有价值的传统教学方法，如讲解法、分解法、演示法、比赛法等，又可采用新的教学方法，如表象法、启发法、诱导法等。在保留有价值的传统教学手段的基础上，采用新型教学手段提高武术套路技术课的教学质量，如可以将学生的练习过程录制下来，供学生对照，帮助学生纠正错误动作。此外，教师在注重"教法"的同时，应重视学生的"学法"，不要自始至终地采用集体练习法，可以利用其他方法，如探索练习法、自主练习法、同质分组法等。总之，在武术套路技术课教学过程中，教师要采用多种有效的教学方法和手段，使课堂变得丰富多彩，以此激发学生学习和锻炼的积极性。

（六）更新教学评价方法，使多种评价方法并存

武术套路技能评价复杂而感性，只采用一种教学评价方法难免会让教学活动僵化。所以，教师可以采取教师评价、学生自评、师生互评、学生互评相结合的方法，多角度地进行教学评价，使教学评价形式多样化、可选择化。在评价内容上，可以从套路的完成情况、动作的规格、劲力和节奏、熟练程度等方面考查学生对武术运动的特点、内涵、规律性等的掌握与运用情况，考查学生对武术以及与武术相关知识的了解与掌握程度。

第二节 技击运动在高校民族传统体育教学中的创新模式

技击的"技",含有技术、方法的意思;"击"含击打、格斗的意思。技击即技术击打。技击运动最初是以徒手形式进行的,如古代部落战争时的"角抵"等。后来,这一运动发展为以器械相搏的形式,如春秋战国的"击剑"等。现代技击指的是两人徒手以踢、打、摔、拿等技法,按照规定进行对搏的一项运动。技击是技击者体力、智力、技法、技巧、心理意志等的综合抗衡,具有高度的攻防实战性和激烈的对抗性。下面以散打运动为例,论述散打运动在高校民族传统体育教学中的创新,旨在为其他技击运动提供教学思路。

一、散打运动在高校民族传统体育教学中开展的意义

(一)促进学生的全面发展

在高校民族传统体育教学改革中,若想真正贯彻"健康第一"的教育指导思想,全面提高学生的身心健康水平,调动学生学习、锻炼的积极性,就必须要改变以往体育教学内容单一,教学过程重技术、轻健身,忽视学生心理发展的教学模式。在高校体育教学中开展喜闻乐见的散打教学,不仅可以补充和完善学生对体育项目的了解,丰富学校体育的教学内容,还能够充分调动学生参加体育锻炼的积极性和主动性。另外,散打项目具有的健身性、竞技性、观赏性、娱乐性,符合大学生活泼、积极向上的心理特点,而且散打技术动作简单易学,能够让学生在欢快愉悦的情景中体验运动的激情,享受运动带来的快乐,获得身心的健康发展。

（二）激发学生对体育锻炼的兴趣

武术是高校体育教学的重要内容之一，多年来，武术课程在高校得以普及，对弘扬优秀民族文化、增强学生体质发挥了重要作用，但是也存在许多不足。比如，朝气蓬勃的大学生对一些"慢条斯理"的武术套路动作有很大的抵触心理（如太极拳），课程所传授的内容与学生的要求差距大，学生"学完、考完、忘完"的现象较普遍，忽略了武术特有的技击性这一特点。

散打的技术动作较多，针对性和随意性互不矛盾，技术动作和战术要求因人而异，能充分发挥学生的创造力和想象力，激发学生的潜能，使学生获得成就感。另外，散打易激发学生对体育锻炼的兴趣，无须记"套路"，学生容易实现短期目标，较快掌握攻击和防卫的战术要领，从而在课余时间自觉锻炼，巩固和拓展课上所学知识，并最终养成终身体育意识。

（三）教学场地灵活多样，节约资源

体育教学常以传统体育项目，如球类、田径、游泳、武术等为主，民族传统体育项目开设课程很少。散打对场馆设施和硬件设施的要求并不高，甚至比传统体育课的要求还低，只要室内、室外有一块平整的地面即可进行教学。在器材上，散打只需要配备一副拳套和脚靶就可以满足基础教学需要。这样的课程可大大减少学校对体育教学的投入，节约资源，既经济又具有实效性，所以高校开设散打课程是非常必要的。

（四）增强学生对终身体育的理解

培养大学生的终身体育意识、习惯和能力是高校体育教育的目标之一。高校体育教学既要使学生的身心得到锻炼，又要让学生学会并掌握一些锻炼身体的方法，为毕业后从事终身体育活动打下良好的基础。

当前，大学生毕业走上工作岗位后，主动参加体育锻炼的人越来越少。出现这种现象的原因有很多，或因为工作和家庭压力过大，或因为对体育活动缺乏兴趣，或没有掌握锻炼身体的技术方法……因此，高校有必要拓宽和加深体育教学内容。通过简化比赛规则、降低难度等，散打完全可以符合高校体育教育的目的，从竞技体育向高校体育转化。帮助学生掌握一些行之有效的健身方法和手段，有利于培养学生的终身体育意识，增强学生对终身体育的理解，帮助学生养成参与体育锻炼的习惯。

（五）有利于民族传统体育的健康发展

民族传统体育是一笔宝贵的历史文化遗产，要使民族传统体育更有生命力，吸引更多的群众，就必须在继承其精华的基础上不断改进和提高。散打课程在高校体育中有着很大的发展空间。散打课程不仅是传授技艺，更重要的是武术精神的传承。改进、革新散打课程，可以使大学生理解散打课程之精髓，有利于民族传统体育的健康发展。

二、散打运动在高校民族传统体育教学中的应用现状

（一）内容有限，缺少吸引力

目前，大部分高校民族传统体育教学的内容以武术为主，多是青年长拳、初级剑和太极拳等，而散打、中国式摔跤等项目只有在体育院校和拥有体育学院的综合性高校开设一定数量的选修课，以致高校出现仅用"武术"一项来泛称民族传统体育的情况，很多具有吸引力、易于开展、趣味性强、健身效果明显的项目被"拒之门外"。

（二）师资力量仍显薄弱

长期以来，高校开展民族传统体育教学时的主要困扰是师资力量薄弱，缺乏能教授散打等民族体育的教师。据了解，不少教授民族传统体育的教师（包括部分武术专业教师），虽然能掌握一定的套路教学方法，但对散打等课程的理论、技术的教学方法掌握得相对不足，缺乏这方面的专业基础和实践经验，少数院校还缺少对体育教师的培训，造成部分体育教师只凭理论知识进行实践课教学。

三、散打运动在高校民族传统体育教学中的模式创新

（一）情境教学法在高校散打教学中的应用

1.情境教学法的特点

情境教学法是通过创设情境，刺激学生的多种感官，把教学内容融入具体形象中的一种教学法。如今，情境教学法的应用更为广泛，并呈现出以下特点：

（1）能够充分调动学生的情感

情境教学法的最大特点就是创设出一种仿真的场景，让学生有一种身临其境的感觉，从而充分调动学生的参与积极性。比如在普通的体育课程教学中，在对学生进行身体素质的强化练习时，学生常因反复练习某个动作而产生厌烦、懈怠、疲乏的身心反应，如果教师适当播放慷慨激昂的歌曲，或者给学生讲述一些中华武术名人的故事，便会产生激励效果。

（2）有利于学生的想象和独立思考

情境教学法改变了完全由教师进行讲解示范的教学法，让学生自己进入相应的情境中，观察、思考、摸索、模拟、练习，更有利于学生独立思考，从而对散打技术的理解更加透彻，帮助学生快速进入状态。

（3）有利于散打技战术的学习和掌握

散打是一项对抗性的运动，除了让学生通过实战演练掌握技术动作和战术意图外，还可以利用现代信息技术创设情境，让学生感到面对的是真实的对手，然后思考采用什么技术动作才能化解对方的攻势。

2.情境教学法在散打教学中的应用途径

（1）准备阶段快速进入学习状态

课堂导入对一节课的成败起着至关重要的作用，如果处理得好，会激发学生的学习欲望，之后的教学便会水到渠成，学生也会很快从课前松散嬉闹的状态进入学习状态。比如播放散打比赛的录像，讲述中国武术名人的故事，等等。这些都是很好的课堂导入的方式。

（2）在教学过程中创设情境

①通过技术手段创设情境

散打通常是在室内教学，因此录音机、视频、课件等都可以为学生创设情境。教师可以利用现代信息技术，如虚拟现实技术等创设虚拟场景，让学生和虚拟的对手对打，这样既可以培养学生的判断能力，锻炼学生的反应能力，又可以激发学生的学习兴趣。

②通过布置环境创设情境

教师可以通过布置环境来创设情境，如在训练的体育馆或者教室周围贴上激励人的标语、优秀散打运动员的照片，按照正式比赛场景布置教学环境，等等。学生上课时会有一种仪式感，可以提高学生学习的主动性。

③在放松阶段运用情境教学法

散打教学结束之后，需要进行拉伸放松活动，以缓解学生身体的紧张状态，避免学生受伤，让学生尽快恢复到锻炼之前的身心平静状态。在放松阶段采用情境教学法，可以帮助学生尽快恢复身体状态。

3.应用情境教学法的注意事项

（1）重视情境的创设

运用情境教学法时，最重要的是情境的创设。教师要充分利用现有教具，创设根植于现实生活的各种场景，并在平时注意搜寻创设情境的素材，学习创设情境的方法。事实上，可以综合运用各种创设情境的手段，如现代信息技术、语言描述、物品摆放等。

（2）情境教学法和其他教学法的配合使用

情境教学法最重要的功能就是通过创设情境吸引学生的注意力，激发学生的学习兴趣，让学生尽快投入状态。当然，有的情境创设方法还承载着教学内容，但相对较少。情境教学法要和其他教学法配合使用，如教师播放散打比赛的录像后，可以让学生以小组为单位进行探讨，引导学生想象如果自己是某方散打选手，应该怎样应对，然后交流讨论，寻找更好的应对方式。

（二）俱乐部教学模式在高校散打教学中的应用

1.俱乐部教学模式的概念及特点

（1）俱乐部教学模式的概念

俱乐部教学模式是指以学生的兴趣爱好为指导，打破常规班级界限，突破时间、空间限制，围绕教学内容进行针对性教学的一种教学模式。

（2）俱乐部教学模式的特点

①俱乐部将有相同兴趣爱好的学生聚集在一起，能够有效调动学生学习、训练的积极性。

②俱乐部教学模式突破了传统的教学模式，更加强调人本理念，多根据学生特点制订更具针对性的教学计划。

③俱乐部教学模式受时间、空间影响更小，能够拓展丰富的教学内容，让学生之间的交流沟通更加顺畅。

2.俱乐部教学模式在高校散打教学中的应用策略

（1）提高认识，加大投入，改善散打教学环境

场地与器材是高校高质量开展散打教学的前提条件，对调动学生学习的积极性和训练热情具有重要作用。因此，高校应对散打教学加大资金支持，建设高质量教学场地，配备必要的器材设施和装备护具，让散打教学的硬件条件得以改善。

（2）强化以人为本，充分结合学生兴趣

以学生为主导正是俱乐部教学模式的精髓所在，高校散打俱乐部教学模式在应用中要坚持以学生为本，开展教学前要充分了解学生的特点、兴趣和个体差异，从而制订有针对性的教学计划，展现更加丰富的教学内容，体现出俱乐部教学模式的人本性和灵活性，相信在兴趣的引导下必然能够提高散打教学的质量。

（3）强化武术精神的学习，深化武德教育

中国武术博大精深，武术精神更是源远流长，将俱乐部教学模式应用于高校散打教学中，应引导学生细心钻研、深刻领会武术精神，加强武德教育，引导学生增强社会责任感，不断提升自我修养。

（4）课上课下相结合，积极延伸教学

高校传统武术散打教学的突出问题是教学实践课时不足，直接导致教师教学赶时间，学生学习"囫囵吞枣"难消化。在应用俱乐部教学模式的过程中，高校散打教师要积极引导学生在课后积极参加集中训练，并充分利用现代信息技术加强交流沟通，实现教师及时答疑解惑，同学之间随时切磋，以充足的训练时间和融洽的学习关系促进散打教学课堂内外的有机融合。

（三）体育游戏模式在高校散打教学中的应用

1.体育游戏在散打教学中的作用

（1）有利于增强学生的体能

体育游戏通常作为一种体育教育手段存在，它具有很强的综合性和锻炼性。在日常的体育教学中，学生参与体育游戏的目的往往是体验有趣的游戏过程，是自觉、自愿的，而非强迫的。这种自觉、自愿的活动能激发学生的主观能动性。又因体育游戏的形式多样，比起专业的体育课程来说更活泼，在这种寓教于乐的学习氛围中能最大限度地调动学生的学习积极性，全方位地锻炼学生跑、跳等身体素质。

（2）有利于培养学生的良好品德

体育游戏与人的品德培养是密不可分的。在散打教学中，学生在参与具有对抗性、竞争性的游戏时，其自身的进取精神得到了激发，此类体育游戏还可以培养学生顽强、拼搏、勇敢等优秀品质。此外，游戏也是有一定规则的，学生在游戏中也能逐渐养成遵守规则的好习惯。

（3）有利于启发学生的思维

所有的体育比赛都不只是体力的竞争，还有智力的竞争，散打比赛也不例外。体育游戏的动作、环境、条件不断变化，促使学生的认知能力、接受能力和创造能力都得到提高，进而促进学生智力的发展。

（4）有利于学生的心理健康

体育游戏通常能使参与者心情愉悦，正面的情绪对人的心理健康有着积极影响。学生投身游戏环境，能暂时摆脱现实生活中的烦闷与苦恼，其心理压力能得到一定的释放，保障心理健康。此外，若参与者在游戏中胜出，他们能从中获得极大的自信心、自豪感和满足感。

2.体育游戏在高校散打教学中的运用方法

(1) 提高学生的灵敏性

灵敏性是散打选手必不可少的能力之一。要提高学生的灵敏性，可以在散打教学中加入"摸肩"游戏。所谓"摸肩"游戏，就是两名参与者呈格斗式站立，再结合散打步法快速用手接触对方的肩部，若接触到则记一分，一定时间内分数最高者获胜。类似的游戏还有"拍手背"等，目的都是为了提高学生的灵敏性。

(2) 提高学生的柔韧度

要想协调地完成散打动作，人体的柔韧性十分重要。要想提高学生的柔韧性，可以在散打教学中加入"一字阵""钻人桥"等体育游戏。在一系列的体育游戏中，学生身体的柔韧度能得到有效的开发和提高，同时，因为游戏的趣味性，学生不再抗拒柔韧训练，而是乐于训练。

(3) 发展学生的上肢力量

散打项目对人体上肢力量的要求是非常高的，因此，教师要充分认识到训练学生上肢力量的重要性，加强学生在上肢力量方面的训练。在教学中，教师可以加入"长臂猿云梯"的游戏。"长臂猿云梯"借助云梯进行训练，学生需要从云梯的这一端，利用上肢力量，双手抓住云梯交替前进，直到到达另一端。这一游戏是训练上肢力量时的常用方式，它比常规的俯卧撑训练更具趣味性和吸引力，能激发学生的训练积极性。

(4) 发展学生的下肢力量

下肢力量对散打教学非常重要，直接影响选手步法的灵活度，腿法动作的力度和速度。因此，教师在散打教学中要注重对学生下肢力量的训练。"跳换弹腿"比赛就是一个不错的选择。这一比赛需要将学生分为两队，两队成员面对面、手拉手相对而站，呈右腿下蹲、左腿向前伸直的状态。学生需要根据教师发出的口令变换姿势，坚持次数最多的一方为胜。此类比赛不仅训练了学生的下肢力量，还有效锻炼了学生的判断反应能力和灵活性。

(5) 提升学生的抱摔能力

抱摔能力是散打教学中必不可少的能力之一。"拔腰"游戏可以很好地锻炼学生的抱摔能力，加强学生的下肢支撑力，提高学生的身体灵活性和爆发力。具体的规则是将学生分为两组，两组成员相对而立，双方互搂腰部，弯背屈膝，用力将对方抱起，若对方脚离地，则获胜。

第三节 舞龙舞狮运动在高校体育教学中的创新模式

舞龙舞狮运动是我国民族传统体育项目中最具特色和代表的运动项目之一，具有强身健体、修身养性、娱乐观赏、竞技比赛等功能，是其他体育项目不可替代的。舞龙舞狮之所以能够传承和发展，与我国民族文化、习俗和生产劳动实践有着密切关系。由于高校舞龙舞狮教学的发展历程较短，相关的教育教学经验较少，所以在教学实施的过程中仍然存在一定的不足。基于此，创新高校舞龙舞狮教学模式十分重要，这不仅有助于优化高校舞龙舞狮教学策略，还能为我国高校舞龙舞狮教学活动的健康、良性发展提供一定的参考，为其他娱乐运动在高校的进一步发展提供可借鉴的经验和模式。

一、高校舞龙舞狮教学的开展状况

舞龙舞狮教学是在2000年后才在我国高校中逐渐得到普及和发展的，2001年至2004年，有少数高校开设了舞龙舞狮运动项目，这一阶段可以被看作我国高校舞龙舞狮教学发展的初级阶段，不但开设舞龙舞狮课程的高校数量比较少，而且在课程形式和课程内容上也比较单一，主要是以课余代表队的形式开展舞龙舞狮教学训练。在2004年，中国大学生体育协会舞龙舞狮分会正式启动了"全国百校龙狮进课堂"推广计划，之后开设舞龙舞狮课程的高校数量开始明显增多，我国华南地区、华东地区及中原地区均有多所高校开设了舞龙舞狮课程，高校舞龙舞狮教学开始进入快速发展阶段。

二、舞龙舞狮在高校民族传统体育教学中的模式创新

（一）"学训结合"模式在高校舞龙舞狮教学中的应用

1."学训结合"模式的优势

"学训结合"模式较其他教学模式有以下几个方面的优势：

第一，有助于提高学生的舞龙舞狮技能，由于授课方式和内容上的创新和改进，学生会对舞龙舞狮有更深层次的理解和认识，舞龙舞狮技巧掌握得更深入；第二，更有利于挖掘优秀学员，有利于学生个人素质的提升，能增强学生的团队合作意识。

2."学训结合"的预期效果

素质普通的学生在达到教学要求的基础上，还能增强体魄和团队合作意识；素质较好的学生，不但能达到教学要求，对舞龙舞狮技巧的掌握更加深入透彻，而且有机会加入学校的舞龙舞狮队，获得更大的发展空间。

（二）多元反馈教学法在高校舞龙舞狮教学中的应用

多元反馈教学法是在现代教学理论的基础上提出的一种基于教师、学生和教材之间相互反馈的一种教学方法。教师在课堂上传输信息，让学生在大脑中剖析、思考信息，学生经过内化吸收，再把信息以回答问题、完成作业、自我检测、考试、探讨等方式输出。这些输出的信息会得到教师和同伴的反馈，通过反馈，学生会自我调节学习节奏，按照教师设定的教学目标、适合自己的方式学习，积极思考，从而建立多元的反馈学习模式。

目前，多元反馈教学法在体育教学中的应用已经较为成熟，在舞龙舞狮的课堂中引入多元反馈教学法同样收到了良好的效果。舞龙舞狮作为传统的民间体育项目，有良好的群众基础，学生对舞龙舞狮本就带有好奇心，这对在课堂上提高学生的参与积极性有较大帮助。在课堂上引入多元反馈教学法，有利于提升学生学习的主动性和创造性，学生的综合素质也能因此得到提高，课堂氛围也将更加融洽。在舞龙舞狮的课堂中引入多元反馈教学法还要注意以下问题：

1.信息反馈要及时

信息的多元化反馈是"多元反馈教学法"的主要路径，及时有效的反馈是教学过程完整、教学内容流畅的关键。在舞龙舞狮活动中，流畅的沟通至关重要。学生对舞龙舞狮的历史、舞龙舞狮的意义等也要有深刻的理解，才能舞出龙和狮的精神，才能达到教学目的。

2.反馈手段多样化

舞龙舞狮课堂的反馈手段不能单一，要多样化，如视觉反馈、听觉反馈、动觉反馈等。多元化的教学反馈能够激励反馈双方向正确的方向前进。学生在学习中感到学有所得，不仅提高了舞龙舞狮技能，还学到了更多理论知识，对场景的把控能力也有不同程度的提高。

3.教师素养不断提高

在舞龙舞狮课堂中采用多元反馈教学法，对教师来说是一个挑战。这需要教师有非常强的课堂把控能力、敏锐的观察能力、对学生反馈及时把握和调整的能力，以及把自己的信息用一种学生能快速接受的方式及时反馈给学生的能力。通过多元反馈法教学，教师在专业基础知识与技术、舞龙舞狮的历史、教育心理学的理解等方面都会有所加强和提升。同时，多元反馈教学法对教师的教育教学方法应用也提出了更高的要求。因此，多元化反馈教学法既锻炼了学生，也锻炼了教师，有利于教师素养不断提高。

4.有针对性地评价教学过程

在舞龙舞狮课堂中采用多元反馈教学法，在对学生做出评价时要有针对性，不能一概而论。要透过现象看本质，对深层的原因要合理分析处理。在多元反馈教学的基础上做出中肯的反馈和评定。

（三）PBL教学模式在高校舞龙舞狮教学中的应用

1.PBL教学模式的理念

以问题导向的教学方法（Problem Based Learning，简称 PBL），即"基于问题的学习"。对于"基于问题的学习"，不同的学者有着不同的理解，当前较为权威的定义是：PBL既是一种课程，又是一种学习方式。PBL教学模式是以案例为先导、以问题为基础、以学生为主体、以教师为导向的小组讨论式的教学模式，其精髓在于锻炼学生分析问题和解决问题的能力。作为课程，PBL包括为学生精心选择和设计的问题，而解决这些问题要求学生能够获取关键的知识，具备熟练地解决问题的技能和自主学习的策略；作为一种学习方式，学生要使用系统的方法去解决问题，处理在生活和工作中遇到的难题。

舞龙舞狮项目一般分为规定套路、自选套路和竞速龙狮。舞龙舞狮的教学与训练一直面临着一些问题，如不同学生在同一技术组合或规定组合动作中的进步速度和水平不同；同一学生在不同的技术组合或自选组合动作中所表现出的能力各不相同；不同学生在不同的技术组合和自选套路中呈现不同的艺术审美、表现力等，造成综合能力的偏差。而PBL教学模式较好地解决了舞龙舞狮教学与训练的冲突，能够激发学生学习的积极性、主动性和创造性，培养学生的协同性和互助性，能更好地培养学生的综合能力；也能促进指导教师业务水平的提高，真正做到教学相长。

2.PBL教学模式在高校舞龙舞狮教学中的实施现状

PBL舞龙舞狮教学模式就是由教师将舞龙舞狮课程分为若干技术模块，并将学生分成小组，学习每个技术模块时，先由教师提出"情景性、比赛性、实用性"为一体的复杂技术学习问题、技能迁移中可能遇到的问题、演练比赛过程中易失误的问题，然后指导小组内部分工协作，通过自主合作探究，让学生自行建构舞龙舞狮基本技术体系，掌握舞龙舞狮技能，协作完善动作规格，然后本组成员自主探索学习，初步技能定型，通过检查、评价，实施反思、纠正，舞龙舞狮技术动作进一步得到巩固定型，并总结反思在整个过程中学到的技能和知识。

PBL舞龙舞狮教学模式的精髓是利用具体技术问题和情景演练效果作为引导学生自主获取和应用新技能的驱动力，有利于培养学生的探究意识与团结协作能力，而这些正是我国高等院校体育教育追求的目标。然而基于高校舞龙舞狮教学现状，发现将PBL教学模式应用于舞龙舞狮教学实践会遇到如下困难：

一是PBL教学模式要求教师具备很高的理论水平和实践能力，否则就会把舞龙舞狮技术动作的衔接割裂开来，不利于学生对舞龙舞狮整套技术的掌握。可目前，多数高校的舞龙舞狮教师普遍理论水平偏低，要求每位教师在其教授舞龙舞狮课程时都全面使用PBL教学模式显然不现实。

二是 PBL 教学模式对学生素质的要求较高，一般来讲，学生有一定武术功底能更好地练习。只有能够积极主动地学习、不怕困难，掌握较高学习技能兼具分工协作能力的学生，才能从 PBL 教学模式中受益。

三是 PBL 教学模式要求学生必须能从外界获取大量舞龙舞狮教学资源（如比赛经验、网络视频、训练情景模拟等），可资源缺乏导致自主协作学习无法实现。

3.PBL 教学模式在高校舞龙舞狮教学中的创新策略

舞龙舞狮知识技能的认知与延伸，正是对舞龙舞狮教学过程的整合与情境设计。因此，在实际的舞龙舞狮教学中，要发挥 PBL 教学模式的最佳效果，必须遵循三个转化，即从技术同化到技术平衡的转化，从教学输出到教学互动的转化，从角色差异到师生双主体的转化。

第四章　高校体育自主教学与合作教学模式

第一节　高校体育自主教学模式

一、高校体育自主教学模式的构建策略

（一）强化学生自主学习观念

在多数大学生的观念中，体育课就是打球、跑步，然后获得相应的学分，对体育课本质缺乏理解和认识，体会不到体育锻炼的重要意义。

1. 改变学生的传统观念

使学生认识到体育课对自身身体素质提升的重要性，让学生了解自主学习体育课程能提升自身的交际能力，同时有效提高自身解决问题的能力，更好地适应未来社会的发展需要。这样能够增强学生的自主学习意识，帮助学生树立自主学习的观念，促使学生积极主动地参与到体育锻炼和体育知识的学习当中，从而有效地提高学生的自主学习能力。

2. 促使学生正确认识自我

在高校中，体育课程的选择和体育锻炼计划的制订都要以学生自己的身体条件为依据。所以，学生要对自己的身体状况有全面的了解和正确的定位。只有这样，学生才能确定适合自己的学习目标，进而制订出相应的学习和锻炼计划。

3.增强学生的自我监控与调节能力

在培养学生自主学习能力的过程中，教师要注意培养学生自我监控和调节的能力，让学生通过自我测试和反省等方式对自己的学习目标和锻炼计划进行控制和调节，及时改变学习策略和方法，对自己获得的能力、技能和知识进行及时评价，树立自信、扬长避短，不断激发学生的创造性和积极性，为学生自主学习能力的提升创造空间。

（二）打造"自主选择"的体育学习模式

在学生自主学习过程中，教师应充分尊重学生，根据学生的不同情况，适时打造"自主选择"学习模式。

1."自主选择"体育学习时间

在大学阶段，学校的教学管理形式是学分制，这种制度在课程选择上给予学生较大的自由，学生可以根据自己的具体情况选择体育课的内容。学校还应该有针对性地创造条件，让学生自由选择上课时间，这样能够有效地激发学生上体育课的积极性，在保证与原有学分制同步管理的同时，有效地提升学生的自主学习能力。

2."自主选择"体育学习内容

高校应不断地丰富体育课可选择的教学内容，给学生更多依据自己的兴趣爱好自由选择的机会，但是需注意调控学生的学习活动，加强教学管理。

在高校体育自主教学过程中，应注意以下教学侧重点：

第一，充分利用高校丰富的体育资源，给学生更大的自主选择空间。尽量根据学生的兴趣爱好来安排教学内容，在完成统一教学内容之后，尽可能留出适当的时间给不同基础的学生进行自主学习和锻炼。

第二，学生自主选择教学内容之后，教师要加强对教学的监督和管理，并安排相应的人员组织学生之间相互交流和学习。在这一过程中，教师要适时给予指导，保证学生的学习质量。

3."自主选择"体育学习方法

每个人的身体素质都存在着非常大的差异，所以教师要因材施教，根据学生对教学内容理解和接受能力的不同，引导学生自主选择适合自己的练习方法。此外，在教授不严格要求技术规范的内容时，不要限制学生的练习方法，允许学生用不同的方式完成同一内容的练习。例如，在进行篮球运球训练时，教师应该引导学生以个人、小组合作等不同模式学习运球，并且结合运球竞赛、游戏等方式，激发学生自主学习的积极性。

二、建立并完善自主教学模式的路径

建立一个科学合理的自主教学模式是发展高校体育自主教学的基础，为此，应该彻底改变传统高校体育教学的教师本位思想，将学生完全作为教学的核心，所有的教学都围绕学生展开。

（一）组织引导系统

组织引导系统是高校体育自主教学模式的首要环节，也是这一系统的基础和流程导向，具有重要作用。组织引导系统的主要作用在于宣传自主教学模式的理念和基本模式，并通过宣传让学生逐步认识、感知并接受这一新兴教学模式。此外，组织引导系统的另一重要作用在于激发学生对自主教学模式的参与热情，通过丰富多样的形式将学生引入相关体育教学中，并让学生对学习产生深入理解、挖掘、探索的欲望。可以说，组织引导系统是激发学生参与自主学习的首要和关键性环节，这一环节将为高校体育自主教学模式提供强大的原动力。

组织引导系统的核心在于教师的组织和规划。首先，教师应该对教学目标进行宏观设置和整体把控，并进一步将目标细化为整体目标和阶段性目标，再根据目标安排相应的课程与教学手段。在组织引导阶段，课堂教学的内容与形式十分重要，需要快速抓住学生的注意力和兴趣，并给予其宽泛的想象空间，这对于后续自主学习系统的推进十分必要。以课堂教学的导入为例，传统的体育教学往往缺乏课堂导入环节，而在组织引导系统中，教师可以尝试用热门话题来展开当堂教学，即设置相应的课堂教学导入机制，如精彩激烈的篮球比赛，街舞比赛，体育竞赛精彩时刻集锦等。这些内容紧扣教学内容，可以在很大程度上激发学生的兴趣和激情，对比传统的"集合加解散"模式，显然更有利于营造教学气氛，并能够鼓励学生积极参与，在课堂的一开始便抓住学生的注意力，为后续教学打好基础。

（二）学习系统

这是自主学习模式的核心部分，即建立并完善学生的学习模式，学习系统主要包括内容和方式两个层面，这也是学习系统需要明确的两个基本要素。

内容，即学生需要明确地选择学习内容，这一内容可以是多样的，但应该充分结合学生的个人身体特质和兴趣爱好，在教师的引导和建议下最终确定；形式则是指学生自主学习的方法，学生可以自己进行，也可以分小组进行。分组进行是常用的一种学习系统方式，其学习效果也比较突出。首先，教师根据学生的意愿和自身的教学计划综合划分小组，并对各个小组设立考评机制，主要根据小组学习情况和最终教学目标的实现程度进行评价。这样，小组之间便可以形成良性竞争机制，而在小组内部，各成员之间亦可以进行经验分享与学习互助，从而在内外两个层面提升学习系统的效率，改善教学效果。

除了内容与方式两个基本层面，学习系统还需要设置一定的后续配合内容，如在学生选择了学习内容后，期末的体育检测便可增设学生自己选择的项目，并保持一定的权重，这会使学生在选择项目的时候更用心，能够充分结合自身的实际情况，后续的学习也会更加努力。同时，教师可以在课堂上组织学生就"采用什么样的方式来教学"进行讨论，综合考虑学生的意见。

（三）过程控制系统

过程控制系统属于自主教学模式中的控制性和辅助性环节，也是自主教学模式区别于传统自学的重要因素。一般来说，过程控制系统分为两个模块，即帮助和监管，高校可以基于这两个模块构建过程控制系统。

帮助模块主要解决学生自主学习过程中遇到的各种问题。由于体育运动的内容深入社会生活中的各个方面，学生在自主学习的过程中，不可避免地会遇到各种学习和体育运动实践方面的问题，如锻炼方式，运动技巧，各项体育运动的细节动作、比赛规则等，如果没有科学有效的帮助系统，那么学生的疑问将会越积越多，最终严重影响自主教学模式的推进。在帮助模块中，可以设置师生之间、学生之间、小组之间等多种帮助形式，学生可以自我解决，也可以讨论解决，当然也可以寻求教师的帮助。帮助模块使学生在自主学习过程中的疑问可以得到及时有效的解决。

除了帮助模块，监管模块也是过程控制系统的重要组成部分，在自主教学过程中，教师必须对整个过程进行监管，保证教学的正常进行，同时保证教学目标的实现。换言之，教师必须通过一定的手段，及时有效地掌握学生学习情况，当出现偏差或者教学环境发生变化时，教师应当及时调整教学计划和自主教学模式。监管模块的实施方式十分多样，例如，教师可以定期开展座谈会，开展学生小组内部讨论和小组之间的讨论，学生在讨论中分享学习经验，共同探讨学习问题，而通过这样的讨论，教师可以及时地把握学生的学习动向，以便洞察当中存在的问题，从而进行纠正和调整。从这一层面来看，过程控制系统是保证自主教学模式按照既定模式发展的有效保证，这一系统的缺乏，将导致自主教学模式变得散乱无序，偏离教学目标。

（四）分层教学系统

分层教学法是近年来兴起的一种全新教学模式，特别适合高校的教育教学，和高校体育自主教学模式的构建有着良好的契合度。根据目前的教学实践效果来看，分层教育系统是实现和推动自主教学模式发展的强大工具和有效手段。分层教学法的主要特点便在于对学生群体的重新划分，它充分结合了自主学习的特征与客观要求，更加重视学生的个体差异与个体特征，从根本上颠覆了传统的体育教学模式和教学目标，特别适用于灵活开放的高校教学环境。

在目前的高校体育教学中，体育教学类别的划分往往比较粗略，仅仅是将专业与非专业类的学生进行区分，除了进行专项培训的学生之外，其余学生统一被划进非专业类进行体育教学，采用公共教育课程和体育兴趣选修相结合的模式进行教学。这一模式沿用多年，取得了一定的教学效果，但是面对新世纪素质教育的深入拓展和教学环境的变化，逐渐表现出越来越多的问题。比如，学生的个体意识不断增强，兴趣爱好各不相同，体育基础和发展锻炼方向有较大差异；在非体育专业学生群体中，也不乏对体育运动充满激情，渴望得到专业培训的学生，而传统的划分模式显然无法解决这些问题。

三、建立科学人性化的检测模式

在传统教学中,教学检测是体育教学的末端环节,实际上,每一次教学检测都是对整个教学系统和教学效果的总结与评价,经过总结与分析,可以为后续教学的改进与进一步发展提供有效的支撑依据,因此科学人性化的教学检测模式对自主学习模式的实施与发展具有重要意义。

在体育教学的检测模式方面,高职院校大体上采用的是"评分制""及格线"的模式,即根据学生学习的内容设置相应的考试内容,根据学生的测试成绩打分,再判断其是否及格。当然,在素质教育不断深化的今天,测试的手段和内容在不断丰富发展,考试的内容也趋于多样化,例如,有的高职院校结合学生实际开设了乒乓球测试、网球测试等项目,同时引入许多先进的体能测试设备,在提升检测精度的同时,提高检测活动的趣味性。可以说,这些措施是行之有效的,但是必须注意到,在现代化的检测模式下,"评分制"和"及格线"的模式并未得到根本性的转变。

在这一传统模式的影响下,很多高职院校的体育教学效果检测受到较大不利影响。首先,学生的身体机能和体育综合素养存在必然的差别,划定统一的"及格线"显然不够准确和科学;其次,对学生的测试结果,简单地以是否"及格"进行评价,显得太过粗略,对于学生后期学习的改进和教学方法的调整并没有明确的指导作用;最后,这种检测评价模式很容易挫伤部分学生的自尊心,从而进一步削弱其参加体育运动的兴趣与热情,甚至对体育教学产生抵触情绪,这对于高职的体育教学是十分不利的。因此,为了完善自主教学模式,高职院校在体育检测环节应该尝试更加科学和人性化的模式,只有这样,才能真正有效地检测自主学习效果,同时为后续教学工作的调整提供有效的支撑。"及格线"这一指标化的模式应该逐步弱化,针对学生个体特征和综合身体素养,除基本身体机能测试项目之外,应该更多地和学生学习的课程结合起来,如各类体育运动、参加体育比赛的成绩等。测试结果必须和学生的身高、体重等基本身体素质紧密结合起来,由此判断学生的身体机能是否正常,在哪些方面需要加强,后续学习的重点在哪些方面等。这样的测试方式显然更加人性化,能充分考虑学生个人身体素质的差异,同时也更加全面和科学。在测试过程中,借助现代化的各种检测手段、仪器可以进一步提升测试的趣味性，如阶梯测试仪（用以测试综合身体机能）、身高体重测试仪、肺活量测试仪、跳高测试仪等；也可以尝试将体育检测与学生身体机能的检测和体检结合起来，形成针对学生综合身体素质评判的完善数据，这对于高职体育素质教育的推进具有十分重要的意义。测试完成之后，"评分制"的模式同样也应该逐步淡化，这表现为学生的测试结果不再以简单的分数进行表示，而是出具一份详细的检测报告。在报告中，详细列举学生的各项检测数据，对比学生的基本身体要素，指出学生哪些方面的机能正常，同时指出学生哪些的机能需要加强，并给出改善和运动的建议，还应列举学生的不良生活习惯，呼吁学生克服或改正。这样的检测模式实际上极大扩充了目前体育教学的检测环节，人性化的检测模式在发挥科学检测效果的同时，也可以大大拉近学生和体育运动的距离，让学生认识到体育运动和自身身体机能紧密的联系。检测报告给出的数据和分析结果无疑可以有效激发学生进一步自主学习的热情，报告中给出的建议可以成为学生进行后续自主学习的范本与引导性文件，具有很强的实践操作意义，对自主学习系统的完善和良性循环的形成，具有不可替代的积极作用。

四、积极扩展课堂外延

为了发展自主学习，高职院校必须将体育教学的课堂从单纯的操场发散开来，将普通教室、多媒体教室、网络化教室等元素引入体育教学。例如，采用传统教学方法对跳高进行教学，一般是教师进行简单的示范，然后学生反复地练习，但是需要注意的是，教师对跳高细节动作和技巧的讲解未必能让学生充分理解，甚至有时教师的示范本身就不甚标准。若扩展课堂的外延，在教师简单讲解之后在多媒体教室给学生播放跳远比赛的视频，这样的效果会更直观，学生也更容易理解。此外，在教室中，教师可以组织学生讨论，这样可以激发学生的学习热情，从而为自主学习的开展带来便利。

开展第二课堂也是发展自主学习的有效方式。教师可以经常开展篮球比赛、乒乓球比赛、羽毛球比赛等活动，这样的活动很容易吸引学生去参加，而为了在比赛中有较好的表现，学生会对相应的活动进行精心准备和大量练习，在这个过程中学生不可避免地会对相关的体育知识和技巧进行学习和研究，进而在很大程度上推动自主学习的发展。

五、加强现代科技与自主学习的结合

（一）加强 CAI 系统与体育教学的结合

计算机辅助教学系统（Computer Aided Instruction，CAI）凭借其强大的多媒体功能和良好的互动性在教学中得到了广泛应用。体育教学强调身体语言，不论是广播体操、篮球、乒乓球还是羽毛球，都是由一整套复杂连续且节奏较快的动作组成，传统的讲解很难让学生产生直观的印象，也使得学生把握不住当中的难点与易错点。而借助 CAI 系统，教师可以为学生播放相关视频，让学生对整套动作和流程有直观印象。以广播体操为例，教师可以给学生播放动作示范，在此基础上给学生讲解要点。对于体操动作当中的难点，教师可以暂停、慢放、定格、反复重放等，让学生看清楚，并及时地组织讨论，保证学生能够真正地理解要点。

（二）逐步推广新兴课件化教学系统

课件化教学系统主要由播放设备、投影设备和遥控设备组成，用户群日益庞大，网络资源也十分丰富。以篮球教学为例，篮球运动十分激烈，不论是相关动作还是复杂的规则都不易讲解清楚。对此，教师可以制作形象生动的课件，在课件中融入图像、视频等元素，由于课件系统具有高度自创性，因此课件系统较 CAI 更加人性化。比如，"单手肩上投篮"是一个常用的投篮动作，教师可以在课件中以 flash 的形式对当中的"蹬、伸、屈、拔"等关键性动作进行分解，还可以用 flash 小游戏的形式让学生进一步加深对所学内容的印象。

（三）搭建网络教学平台

网络教学平台并不是新生事物，在我国的高校教育教学中也得到了较为普遍的推广。在网络教学平台上，学生可以及时地查阅、下载相关信息，并完成学习、报名、缴费、考试等一系列操作，其便利性和完善性较好，这为网络教学平台的搭建提供了良好的基础。

网络教学平台虽然在教学管理和部分学科教学中得到了广泛应用，但许多高校在体育教学领域并没有充分利用，体育教学很大程度上还是更加重视操场和场地训练的作用。实际上，根据分析可以看出，在自主教学模式中，教学双方以及学生之间及时有效的沟通交流和资源共享是十分重要的，因此高校应充分利用自身已经具备的校园网络软硬件设备，加快构建体育自主学习网络平台。

第二节 高校体育合作教学模式

一、概述

（一）合作教学的含义

合作教学的研究者从社会学、哲学、教育学和心理学等各个角度研究教学活动中各种因素的作用，从而提出在教学活动中要进行合作教学的理论。在此基础上归纳总结出合作教学的含义：合作教学是以合作教学小组为基本形式，系统利用教学动态因素之间的互动，促进学生学习，以团体成绩为评价标准，共同达成教学目标的教学活动。

具体来讲，合作教学具备三个方面的基本特征：

第一，以合作教学小组为基本形式。

第二，在互动交流中发展学生的推理能力、合作意识，以及解决问题、人际沟通等各种能力。

第三，以整个小组，即团队的成绩为评价的标准，能够有效地促进团队成员相互合作。

（二）在高校体育教学中运用合作教学的意义

1.合作教学能充分体现学生的主体性

传统教学模式下，体育教学主要是以教师的"教"为中心，而学生只是一味地去"听"，而合作教学的教学模式改变了这种单向的教学形式，将其转变为互动的教学形式，充分体现了学生的主体性。合作教学能够给予学生学习的自由空间，更能够在合理分组的基础上促进学生间的沟通与交流。在体育合作教学的模式中，学生利用团队的合作精神，能够很好地建立相互间的信任，充分表达自我观点，锻炼思维能力，真正贯彻以学生为主体的教学思想。

2.合作教学能促进学生身心的全面发展

体育本身就有促进学生身心健康发展的作用，但是要想真正发挥出体育的这种作用，还要求学生能够进行合作学习。合作教学通过小组合作，加强了学生之间的人际交往，能够促进学生在情感、认知和身体的全面发展。同时，良好的身体素质和融洽的人际关系能够减轻学生的学习压力，使学生保持学习兴趣，保证心理健康。

3.合作教学能够培养学生的团队精神，调动学习的主动性

高校体育合作教学模式有助于培养学生的团队精神，充分调动学生学习的主动性。由于合作教学的成绩评估是以小组团队的整体成绩为标准，所以很容易形成小组内的合作意识，淡化了个人的竞争性。合作教学加强了小组间的竞争性，学生通过整体的合作来与其他小组竞争，每个人都不愿意拖整个小组的后腿，这就调动了学生学习的主动性，也培养了学生的团队精神，而体育竞技中最需要的就是团队精神。

二、合作教学模式在高校体育选修课中的应用

（一）基本原则

1.以问解答

在高校体育教学中，教师不断提出问题是提高教学效率的有效手段之一，"提问"不仅加强了教师与学生的交流与沟通，而且帮助教师时刻掌握学生对教学方法、手段、内容的意见和学习效率等情况，有利于教师及时调整和改进教学方法。因此，在体育教学中，教师要以提出问题为中心，千方百计为学生设计问题情景，让学生在解答问题的过程中寻求合作教学所带来的效益。此外，坚持以问解答原则突出了体育知识技能学习

的普遍性。有些动作技术比较复杂，在讲解示范层面不易掌握，必须深入研究、反复练习，才能掌握技术动作的细节。提出问题不仅能激发学生深入探究、认真学习的激情，而且可以培养学生的创造性思维，对学生继续学习相关的体育技术动作具有"迁移"作用。

2. 以灵带活

高校体育选修课教学的主要目的，就是改善学生的体质，增进学生的健康，培养学生的终身体育意识。在这一总体思路下采用合作教学模式，要注重教学内容和方法的灵活性，要不拘一格，把所采用的教学策略、教学方法与教学手段放在一个比较轻松的教学环境中，拓展学生的思维，使学生敢于交流、勇于沟通。这种沟通不是简单的集体小组讨论，而是建立在提出问题的基础上，深入研究体育技术动作的结构、要领，方式灵活，集思广益，共同思考，以达到共同进步的学习目标。因此，建立合作教学模式要坚持以灵带活的原则，充分发挥合作教学在高校体育选修课教学中的作用。

3. 体验实践

练习在一节体育课中所占的比重通常比较大，但教师常常发现，学生对动作技术的掌握参差不齐。原因在于练习过程中多数学生只注重个体思维的发挥，只强调个体对动作技术的理解，而不善于发挥学习小组的力量，抑制了互助合作意识。虽然在此过程中有教师的指导或纠正，抑或同伴的提醒，但促进作用不大，因为学生自身的思维定式已确立。合作教学模式注重实践性，这种实践性不是简单的练习方式的运用，而是在井然有序的教学秩序下强调"小组"的作用。

4. 主动配合

构建合作教学模式要强调师生、生生之间的主动合作，这是学习态度和意识的体现。教学方法、学习方法、教学内容、教学组织等都可纳入小组讨论的范围，但同样要求师生主动配合。有时，在合作教学模式的实施过程中也会出现问题，如班级内部的各种矛盾、师生之间的矛盾等。为了不影响合作教学模式的构建，教师必须妥善解决这些问题，以强化学生的主动合作意识，营造一个健康和谐的学习氛围，提高教学效率。

（二）基本功效

1.关注个体差异，开拓思维

针对学生的性格特点，教师在体育教学中要关注个体差异，使体育教学面向全体，在划分小组时要注意各种不平衡现象，使各种差距不断缩小。在研究讨论时尽可能地发展学生的创造性思维，培养学生的参与积极性、解决问题的能力等。

2.进行案例分析，培养兴趣

很多体育教师会在每个小组中安排一名各方面素质都很强的学生担当小组长，同学们在他的领导下进行各种案例分析，特别是那些比较复杂、难于理解或容易犯错误的动作技术。对每个学生进行案例分析，提高了学生对技术动作的掌握程度，培养了学生的体育兴趣。

3.人性化管理，获取自信

合作教学模式体现了"人性化"的管理理念。在学习过程中，整个小组既要面向全体，又要关注个体差异，使每个学生都有参与的机会。机会均等有利于培养全体学生的自信心，这有别于传统的体育教学，在传统体育教学中，这样的"关注度"比较少。小组中对个体讨论意见的尊重，以及练习时的彼此借鉴，有利于学习效率的提高。

（三）注意事项

1.体育教学方法的运用

在任何情况下，采用不同形式的教学方法的主要目的，都是为了使教学进度和教学效果达到最优化，让不同层次的学生在最短的时间内获得最大的学习成果。无论是传统的教学模式，还是新型的教学模式，在很大程度上运用教学方法的主要目的都是一致的。在合作教学过程中，体育教师往往会运用一些比较先进合理的教学方法，如探究式、讨论式、自主式、启发式、案例式等。这些教学方法深受广大学生的欢迎，取得了相当好的教学效果，学生对运动技能的理解、掌握效率也会随之提高。

2.考核成绩的评定

构建合作教学模式，最重要的就是如何进行评价，合作教学模式的评价方式与传统体育教学的评价方式有很大不同。传统体育教学评价多是跟踪式的教学评价，以课堂教学效果为目标,根据学生对动作技术的掌握程度来进行评定,突出学生个体之间的竞争;而合作教学评价则把个人之间的竞争转化为小组之间的竞争,把个人计分改为小组计分,把小组总体成绩作为奖励或认可的依据,形成了"内部成员合作,外部成员竞争"的新格局,使得整个评价由鼓励个人竞争达标转向鼓励大家合作达标。这种评价以小组成绩为依据,学生能否得到好成绩不仅取决于个体成员的成绩,而且取决于其所在小组的总体成绩。合作教学的教学评价使小组成员认识到,小组是一个学习的共同体,个人目标的实现依赖于集体目标的实现,小组成员的共同参与才是合作学习所需要实现的目标。这种评价方式可以激发小组成员互相帮助,以实现"不求人人成功,但求人人进步"的教学评价目标。这不仅有利于培养学生自主学习的习惯,还有利于打造舒适健康、高成就动机的教学环境。

3.体育教学资源的有效开发利用

合作教学模式的最大优势就是能够实现体育教学资源的有效利用。随着城市化进程的推进,城市用地已经受到限制,而高校生源不断增加,学生人均活动空间不断缩小,体育场地资源无法满足现实需要。合作教学模式可以充分利用现有场地资源进行体育教学,由"人人拥有器械/场地"变为"组组拥有器械/场地",不仅显著提高了器械和场地的分配使用率,而且也使学生学会了如何利用有限的资源进行体育锻炼,节约了器械和场地,突出了小组合作的优势。同时,在教学过程中,各小组可以根据分组情况和项目内容对体育场地和器械进行合理分配或再分配,使体育教学资源得到合理、有效利用。

三、高校体育合作教学模式的构建

(一)体育合作教学模式的基本要求

1.合作教学分组

体育合作学习的教学分组主要根据"组间同质""组内异质"进行:组间同质是指各组学生水平基本一致、保持均衡;组内异质是指各组组内成员各方面之间都有一定的差异,主要包括性别差异、学习成绩差异、特长差异、体育技能水平差异等。同时,体育合作教学的分组还必须考虑学生的兴趣和意愿。

2.教学中的教师任务

教师在充分了解学生水平的基础上，根据具体教学内容设计相应的教学方法和教学任务，在体育教学过程中进行主导性讲授并对学生进行合作教学指导。

3.教学中的学生任务

在体育教学过程中，学生应根据教师要求，以合作教学小组为基本单位，充分发挥主观能动性，采用多种途径，通过集体合作完成任务。

4.集体讲授课

教师根据不同的教学内容合理安排集体讲授和分组合作教学的时间，讲解过程要突出重点、简单明了、注重效率。

5.合作教学小组的课堂活动

教师在进行合作教学之前，要向学生讲明：只有小组成员都完成了学习任务，整个小组的学习任务才算完成。小组内成员要互相监督，检查同伴完成任务的情况，确保所有成员都能够完成学习任务。教师在学生进行合作时，要巡视、观察、记录，并适当地提供指导。

6.测试与反馈

学生在完成教学任务后，要进行独立性测试或者进行合作教学小组间的竞赛。教师根据测试或者竞赛的结果进行评价、总结，使学生认识到自己的不足，以便日后改正提高。

7.课后任务

教师根据教学目标、教学要求合理布置课后复习、预习任务及作业。

（二）体育合作教学模式在体育教学中的应用

1.学生自学

体育合作教学的前提是学生个体学习，练习所学动作技能。体育教师要根据不同的教学内容、教学任务、学生水平等制定相应的教学目标。要突出教学的重点难点，要求学生根据教师设计的技能学习流程及个人所创造的新颖动作进行自学、自练，并根据个人特点选择场地和器材。

2.小组讨论

学生完成自学后，教师要组织好学生的小组内讨论，让学生体验成功的喜悦。讨论的时间要根据教学内容、教学难度确定，时间不要太长，5～7分钟为宜。在小组合作学习完成后，还可以进行组间交流，教师可以根据学生的交流结果总结、补充，并适当讲评。

3.学生自主练习

在自学、小组讨论、教师讲评后，学生进一步练习，提高技术技能，以期取得最佳的学习效果。

4.学生技能展示

学生在完成动作技能的学习、练习后，每个小组可以选一个代表，在全班同学面前展示学习成果。

（三）高校体育合作教学模式的构建路径

1.转变传统体育教学思想，培养学生合作学习意识

新时期高校体育的发展现实要求各高校必须转变传统的体育教学思想，更加重视对学生素质的全面培养，充分认识提升学生合作学习意识的重要性。教学思想是指导教学实施的前提和基础，合作教学思想认为，要通过小组学习中的团体压力和学生之间的沟通交流，提升学生的学习主动性、体现学生学习的主体性。通过小组合作学习改变传统的以教师为主的教学模式，真正让学生成为教学的中心，形成师生间、学生间的动态互动模式，从而使学生相互借鉴、共同学习。

2.创新设计学生合作学习过程，进行合理分组

高校体育教学模式在真正的实施过程中，首先要创新性地设计学生合作学习的过程，即学生按照怎样的方式进行具体的合作学习。首先，要根据教材的内容来制订计划，目的是达到教材中某一教学目标，只有拥有正确的目标才能顺利开展学习；其次，根据每名学生的不同兴趣爱好、身体状况、体育特长等进行分组，并确定小组目标，这个目标要符合小组的实际情况，并能使每位同学都起到重要的作用。

3.完善体育教学的评价标准，激励学生主动合作

高校体育合作教学模式的实施是否收到成效，是否达到教学目标，需要有一个具体的评价标准，合理的教学评价标准有助于激发学生的学习主动性，也能够为教师提供一个明确的教学方向。合作教学的评价主要包括教师评价、小组自我评价、其他小组评价等，当然最重要的是要将小组视为一个整体进行评价，这样才能构成一个完整的评价体系。此外，教学评价要科学、全面，不能全部否定也不能完全认同，要本着对每位学生有激励作用的原则进行平等的评价，在强调个人对小组的重要作用的基础上肯定每位成员的进步。

（四）运用体育合作学习教学模式应注意的问题

1.注意学习中的群体发展

体育合作教学小组的成员由具有不同层次体育技能的学生组成，这样的构成有利于小组成员充分掌握体育知识和体育技能技术。在合作学习中，体育技术技能好并担任小组长的学生，能对技术技能掌握、理解得比较好，并可以对小组内其他掌握较差的同学提供指导，从而进一步理解动作技术技能，提高自身水平；而小组技术技能比较差的同学，由于有较大的依赖性，学习的主动性较差，导致学习效果不佳。因此，在体育教学过程中，为使每名学生对体育技术技能的学习都达到最佳效果。在体育教学的手段和方法的选择方面，要根据学生个体的特点因人而异，创造适合每个学生学习的条件和环境，以达到最佳的教学效果。

2.注意培养学生的创造能力

在体育合作教学过程中，教师应该给学生更多的选择空间，为学生提供发挥创造性的机会。例如，在体育教学目标、体育教学内容、体育教学方法、评价以及同伴等方面提供更多的选择。

3.注意充分发挥教师的主导作用

由于体育合作教学模式给了学生充分的"自由度"及"自由权"，学生的主动性大大提高，因此要注意"自由"与"随意"之间的区别，避免造成"放羊式"教学。学生在进行合作学习时，教师要不断地巡视，对学生在学习过程中出现的问题及时予以指导，

引导学生解决问题。

4.注意发挥小组长的作用

体育合作教学小组组长在合作教学中发挥着十分重要的作用，因此，体育教师要注意培养一批有较强工作能力的小组长。为调动学生的积极性，可以采用竞争上岗的方式，充分发挥小组长的助手作用，协助体育教师完成体育教学工作。

5.注意师生互评促进提高

体育合作教学小组活动评价是体育合作教学的主要特点，也是检验合作教学效果的主要手段。因此，在对学生体育学习成绩的评价方面，要把重点放在学生不同程度的进步上，根据进步的程度进行成绩评价，使不同水平的学生在个人的努力下都能得到不同程度的肯定。

第五章 高校体育俱乐部教学模式

第一节 高校体育俱乐部教学模式概述

一、体育俱乐部教学模式的概念与特点

（一）体育俱乐部教学模式的概念

体育俱乐部教学模式是由学生自主选择教师，同时根据开设的相应项目系统学习某项目的原理与方法、组织与欣赏等方面的知识，培养相应能力的教学模式。体育俱乐部教学模式注重培养学生的体育兴趣，提高学生的体育能力，以俱乐部形式进行教学的方式，更加注重将知识性和趣味性相结合、理论和实际相结合，发挥学生的主观能动性和创造性，让学生积极参与，使学生在体育锻炼中感受到快乐和成就感，达到培养学生参加体育锻炼的意识，提高学生运动能力的目的。高校体育俱乐部教学模式是以培养学生终身体育意识、习惯和能力为主的教学模式，它能够把学校体育与社会体育实现有效衔接，并最终使高校体育向终身化方向发展。

（二）体育俱乐部教学模式的分类

课外体育俱乐部是高校体育俱乐部教学的最早形式，它作为高校体育课的延伸和补充，以拓展学校体育功能，培养学生拥有良好的体育习惯和行为为主要目标。课内体育俱乐部模式是近几年我国高校体育教学改革的一个热点，它以现代的教育思想和教育理论为依托，充分体现人本主义的教育理念，以构建现代高校体育新的学习方式为目标。

课内外结合的体育俱乐部是伴随着高校素质教育的兴起，以培养学生的整体教育观为出发点，提出课内课外一体化的体育管理模式，它以终身教育思想为指导，以培养学生适应学习型社会的能力为目标。

1.课外体育俱乐部教学模式

（1）课外体育俱乐部教学模式的组织形式特点

课外体育俱乐部是活跃于高校体育课堂之外的一支重要力量，其组织形式包括学生团体或社团组织、体育教师个人组织、社会单位与个人组织等。各种组织形式有共同的特点：俱乐部大多面向全体学生，学生根据自身的爱好自愿参加，活动不分班级和年级。活动内容和过程不受体育教学大纲和学校教学进度的制约，大多围绕展示表演和比赛展开。俱乐部活动时间分为固定或不固定两种类型，由俱乐部单独决定。俱乐部大多采用会员制，参与者需缴纳一定会员费。

（2）课外体育俱乐部教学模式的优点及不足

高校各种类型的体育俱乐部和其他校园文化组织一起发挥着丰富高校校园文化的作用，由于它面向高校全部年级的学生，因此可以一定程度上满足已经不上体育课的学生的体育锻炼需求。体育俱乐部活动围绕校园文化节、社团活动月等展开，活动项目有的是学生课内学过的，有的是聘请老师指导所得，有的则是学生中的一些特长生自行指导，体育锻炼效果参差不齐。

2.课内体育俱乐部教学模式

课内体育教学俱乐部是建立在体育教学模式基础上的体育教学形式，其将现代高校体育教学理论融入高校体育课堂，从思想、组织、形式、方法、评价等五个方面进行全面、系统的更新，改变高校体育教学传统的班级授课制，在课堂内提倡开放性、自主性、自由性、随机性，学生的课堂学习完全是一种主动积极的行为，体育教师只需承担设计、辅导、检查、指导四个方面的教学任务，此种模式彻底改变了传统的体育教学模式，学生与教师的角色也发生了根本性的变化。

课内体育俱乐部是伴随高校体育教学的改革适时出现的具有尝试性的研究课题。虽然部分高校已经建立了课内体育俱乐部教学模式，但由于学生和教师认识上的偏差，以及高校体育课程环境的差异，课内体育俱乐部教学模式相关实施方法仍然得不到推广和应用，因此还没有完全普及。

（1）课内体育俱乐部教学模式的组织形式特点

课内体育俱乐部教学模式打破了原有班级的限制，由学生根据自身特点选择体育运动项目与运动时间，并与体育教师合作完成体育教学。体育课是高校一、二年级学生的必修课之一，因此，高校开展体育俱乐部教学的对象大多数是一、二年级的学生。此外，课内体育俱乐部教学模式在具体实施过程中，通常有两种情况出现：第一，部分高校采用一年级以上统一的基础体育课，如田径、武术等体育课程，在大学二年级才开始上俱乐部课。第二，部分高校从大一新生一入学便上俱乐部体育课，但大多数在二年级时又重新选择运动项目，并上俱乐部体育课。对于上述问题，相关学者进行了研究，并指出我国中学和高校体育存在脱节的现象，所以有必要在大学一年级对学生进行基础体育教学，以便提高学生的体育综合素质，为学生进入高层次的俱乐部学习奠定基础。但是，在具体教学过程中，采用哪种形式比较有效尚没有定论，有待进行更为深入的研究。

（2）课内体育俱乐部教学模式的教学内容特点

高校课内体育俱乐部开设的项目包括乒乓球、羽毛球、篮球、网球、足球、武术、跆拳道、台球、垒球、太极拳、女子防身术、健美操、体育舞蹈等。通常情况下，各高校需要根据本校的软硬件设施，合理选取部分项目开设课内体育俱乐部，这也决定了各高校在俱乐部体育项目的设置方面存在着较大差异。

（3）课内体育俱乐部教学模式的上课时间特点

参加课内体育俱乐部的学生不分班级，按照同一年级内班组的共同形式上体育课。学生上课时间相对固定，每周安排2课时，排入课表，相关学生必须参加。此种形式的俱乐部完全由学生根据自身条件选择上课内容，对部分学校而言，在专业教师、硬件设施等方面难以完全满足全体俱乐部成员的需求，实际操作难度较大，很难实现。

（4）课内体育俱乐部教学模式的优势与存在的问题

相对于传统体育课教学模式而言，课内体育俱乐部教学模式更加强调"以人为本"的精神。因为学生是根据自身的兴趣爱好选择的课程，所以上课愿望较强，积极性高。对于体育老师来讲，该模式避免了教师要按照学校制定的规范课程上课和自身体育专业不对口的问题。教师可以充分发挥自己的专业特长，有利于提高教师教学的积极性，调动教师上课的热情。但是，体育教师应该在教学过程中重视理论与实践的紧密结合，在运动实践教学中渗透相关理论知识和体育健身锻炼方法，并运用多种形式和现代教学手段，扩大学生的体育知识面，提高学生的认知能力。要避免单纯传授体育技术、技能和以教师为中心的教学观念。

单纯的课内教学俱乐部无法实现培养学生的终身体育意识，以及帮助学生养成终身体育锻炼习惯的目的。同时，该模式面向的对象仅限于一、二年级学生，无形中将三、四年级的学生排除在外。教师如果在课外时间对学生的锻炼活动没有做出明确的指导，会使得部分学生放弃体育，因而要注重学生课外时间的体育锻炼，以此来促进大学生养成真正的体育锻炼习惯，进而培养学生终身体育锻炼能力。

3.课内外一体化体育俱乐部教学模式

课内外一体化体育俱乐部教学模式是高校体育教学中的一种体育文化现象，是具有相同体育兴趣爱好的大学生，基于自我发展与完善的需要，自由选择体育活动项目，并且结成具有社团性质的体育团体。通过体育教师的指导，学生根据自身特点自主选择体育课程内容，自主选择体育教师，自主选择上课时间，再结合成有组织的课外体育活动团体，营造生动、活泼、主动的校园体育文化氛围，使高校体育教学与课余体育活动保持连续性和统一性。

课内外一体化体育俱乐部教学模式的特点是学生拥有"三自主"，即自主选择学习项目、自主选择任课教师和自主选择上课时间。学生自己确立目标，自己评价，使自己由被动学习者变为主动参与者，从而形成良好的体育素养和健身意识，树立终身体育的观念。

（1）课内外一体化体育俱乐部教学模式的组织结构

每个教学俱乐部包括立主席一名（体育教师），指导教师若干名，副主席一名（一、二年级学生），宣传组长一名（一、二年级学生），相关办公人员若干名（一、二年级学生），志愿者若干名（三、四年级学生）和其他人员。俱乐部主席主要负责处理俱乐部的申请，宏观把握俱乐部的发展方向和计划安排，并和指导教师共同负责完成课堂教学和指导副主席组织管理会员的课外活动。俱乐部副主席负责组织管理会员的课外活动，上传下达，反馈意见。宣传组长需要负责对外宣传工作。志愿者的主要任务是协助俱乐部副主席完成指导教师下达的具体任务。

（2）课内外一体化体育俱乐部教学模式的内容及安排特点

课内外一体化体育俱乐部的活动内容主要包括两个部分：一是课内教学内容，二是课外教学内容。课内教学内容包括体育基础理论知识、体育专项运动基本技术、体育技能、体育单项运动的裁判知识等。课外内容则以组织学生进行专项锻炼、表演和比赛为主，通过学生参与组织管理来实现体育知识的运用与实践，从而进一步培养学生终身参与体育运动的意识。

（3）课内外一体化体育俱乐部教学模式的优势及存在的问题

高校体育教学实行课内外一体化俱乐部教学模式，可将课内外融会贯通，紧密结合，相互统一。不仅便于学生系统性掌握体育运动的基本知识和相关技能，更好地掌握锻炼方法，取得良好的体育锻炼效果，有效地增强学生的身体素质，提升全体学生的健康水平，而且还能满足学生的运动需求，培养学生的个性，促使学生养成锻炼习惯，提高体育运动能力和技术水平，为终身体育打下良好基础。同时，学生通过在活动过程中参与组织与管理，使得学生的主观能动性得到加强，组织管理能力亦得到提高，学生在管理与被管理过程中，协作能力也能有所提升，最终使学生的团结协作精神得到加强。

部分学生们在选择体育项目时存在盲目性，相关调查资料显示，大约有70%的学生在上大学之前都接受过正规的体育课教学，多以田径为主，只有少数学生学习了武术或健美操等体育项目。还有30%左右的学生在上大学之前没有上过系统的体育课，这与生源所在地有较强的关联性。学生对于开设项目的内容不甚了解，导致学生在选择体育项目时产生盲从心理，因此学校应做好各体育俱乐部的宣传工作，使学生对该俱乐部有一定程度的认识和了解。教师要做好引导工作，避免出现学生过度集中于某一俱乐部，导致管理上、教学上发生诸多问题的情况。各俱乐部在考试评分时要把握分数的高低原则，避免出现学生向给分高的俱乐部流动的情况。

二、高校体育俱乐部教学的现状及存在的问题

（一）高校体育俱乐部教学现状分析

1.高校体育俱乐部教学的组织现状

我国现行的体育俱乐部教学模式，在教学形式、管理体制、组织方法、师生关系等方面都存在差异，绝大部分学校都实施课内、外教学俱乐部，极少部分是课内外一体化教学俱乐部。课外体育俱乐部具有独立性，没有课程"教学"含义，只是学生通过这个组织形式，在课余组织开展一些单项体育活动和比赛，这是课内俱乐部教学的补充和延伸。

不同类型的体育俱乐部，其组织形式也存在一定的不同。高校体育俱乐部以课堂教学为主，多由学校体育部门负责组织，教师参与组织并辅导，以上课的形式进行。课内体育俱乐部的教学有固定的上课时间，学生必须参加，多以自主练习为主。课外活动类体育俱乐部教学主要以学生的课外活动为主，由学生社团或体育爱好者自发成立，没有固定的上课时间，学生自己组织活动和比赛，若遇到问题则向教师提问。业余训练类体育俱乐部以校运动队训练、提高运动技术水平为主，由负责训练的教师组织，以上课的形式实施，有固定的训练时间，被选入运动队的学生要主动参加。综合类体育俱乐部有营利性和非营利性两种，前者按市场规律运作，对参加人员（包括校外人员）收费，利润交给学校或经营者分成；后者不按市场规律运作，服务对象主要是本校学生，适当收费。在这两种情况下，教师既是组织者、辅导者，又是体育教学活动的经营者。

2.高校体育俱乐部教学考核与评价现状

目前，我国高校体育俱乐部教学对学生的考核评价，主要采用"结构考核"和教师终结性绝对评价相结合的方法。"结构考核"的主要特点是"结构"的多方面构成，具体而言，就是将知识、态度和运动能力一起放入体育考核内容中，其目的是完成"结合"和"全面"的整体要求，实现理论与实践、技术与能力、成绩与态度的紧密结合。实际上，"结构考核"中的内容主要以教师的评定为主，例如学习态度、知识考试和技能技术等方面的评价，这些内容对教师的工作态度和公正精神有较强的依赖性，从而使评价学生的客观性更具有不稳定性、局限性和片面性。对现阶段我国高校体育教学来说，这

可能是一种比较可靠的教学考核与评价方法。但从考核与评价的角度分析，从教师的绝对评价到相对评价，从终结性评价到过程性评价，高校体育教学考核评价体系必将更加完善。

3.高校体育俱乐部教学模式的发展现状

目前，我国高校体育俱乐部教学尚处于发展阶段，因此各校设置的课程也略有不同。近年来，高校扩招造成了现有公共体育教学场地的不足。据调查显示，体育场馆、设施均达标的高校才占全国高校的5%左右，这就在一定程度上影响了体育教学的顺利实施。学生在选课时，多会选择球类项目，但教学场地与器材的不足影响了体育俱乐部的教学效果。

此外，现阶段我国高校体育教学模式在管理上尚待规范与健全。由于教师专项结构的不尽合理，教师的专业水平已经无法满足当下学生的多元化需求。随着未来社会健身、娱乐、休闲运动的普及与发展，学生学习的兴趣和爱好不再仅仅局限于以往的体育项目，这对目前体育教师的专业知识提出了挑战，也提出了更高的要求。

（二）高校体育俱乐部教学存在的问题

1.场地、器材与需求差距较大

大量调查性研究的数据表明，高校在实施俱乐部教学模式以后，凸显出传统体育教学所重视的田径、三大球、体操等一些项目的场地和器材资源丰富。但一些新兴的、娱乐性较强的、深受学生喜爱的项目，如羽毛球、网球、轮滑等的资源短缺，造成场地、器材与需求十分不平衡。

2.教学经费的筹集渠道有待拓宽

大量研究表明，高校体育教学经费绝大部分依赖学校拨款，经费来源十分单一，这种现象与学校的管理制度和管理者的思维方式有很大原因，不利于高校体育教学改革的进行。拓宽筹集教学经费的渠道，不仅可以解决体育教学的经费问题，而且可以帮助学生养成良好的体育消费观念，并搭建学校与社会的互动交流平台。

3.师资队伍对教学模式的变化不适应

我国许多高校体育师资队伍的更新速度无法跟上教学改革的需求，导致传统体育项目的教师比较多，而一些新兴项目的专项教师比较少，但是喜欢新兴项目的学生却很多。不解决这个问题，就无法从根本上实施体育俱乐部教学模式，因此必须建立完善的教师教育机制。

4.过于重视学生兴趣的发展，忽视体育教学的内容

体育教学改革在一定程度上摆脱了传统体育教学模式的束缚，使学生真正成为体育教学的主体，为学生提供了自由发挥的空间，尊重学生的学习主体地位。然而，过度的"自由"使教师完全以学生的兴趣为教学中心，安排教学目标，导致师生错误地认为满足学生的兴趣需求就是尊重学生的主体性。在教学中重视学生的兴趣无可厚非，但是以学生兴趣为教学中心则是行不通的。

高校体育教学担负着促进学生身体健康的重要使命，高校体育教学应着力强调大学生现实的身体素质提升，在内容安排上针对学生体质健康存在的问题，以改善学生的身体机能，促进学生身心健康发展为重点安排教学内容。

三、高校开展体育俱乐部教学的现状

（一）实现由"普修"到"专修"的过渡

"普修"和"专修"是高校体育教学中两种不同的课堂教学组织形式，同时也是体育教学组织形式发展变化的两个截然不同的阶段。"普修"属于传统体育教学的范畴，它将学生按照一定的数量和层次进行分班教学，不考虑学生的个人兴趣爱好，通过统一的教学大纲进行教学。在"普修"教学模式中，学生所涉及的课程大多是中小学体育课中出现过的内容。"专修"则是以某一类体育项目为主线，根据学生的兴趣爱好选择本项目的体育课。在由"普修"到"专修"的转变过程中，无论是课程设置还是教学组织形式都发生了根本性的转变。

高校体育"普修"课程的设置主要是根据体育教学大纲而设计的，为了统一，体育课程内容仍然比较少，其是在违背大多数学生兴趣爱好的情况下而开设的体育课程。而"专修"则是从学生的角度出发，根据学生的兴趣爱好设置体育运动项目，此类项目的数量比较多，可以最大限度地满足学生的需求，从而做到因生而异，因材施教。"普修"

是以遵循高校体育教学大纲为出发点，"专修"是以学生的兴趣爱好为最终目的。在具体组织形式上，"普修"是以相同专业的学生，按照一定的人数进行的统一教学，体育教师也不一定就是该体育专项的教师。"专修"采用自由体育选项，由该体育专项的优秀教师担任体育教学工作。学生根据自己的爱好、时间和教师的专项选择上课的类型、时间和教学老师。"专修"课程突出了"以人为本"的现代体育教学理念，塑造了学生的个性特征。在教学效果考核方面，"普修"以期末考试为最终的成绩，而"专修"考核的内容则主要包括学生的上课率，参与体育教学的积极性，自我锻炼与参加体育比赛的成绩等。"普修"考核的内容较为单一，"专修"考核的内容亦十分全面。

全面实行体育俱乐部教学体制是高校体育教学组织形式改革的最终目的，并且全面、均衡地体现出学生在教学过程中的自主性、民主性以及合作性。体育俱乐部的教学体制十分复杂，每周一次的体育课难以实现这一目标。因此，学校要从素质教育的教育理念出发，依据现代体育课程的基本理论，将课堂内的教学延伸到课外，要将早操、课外活动、体育俱乐部活动都纳入体育教学的统一管理体系之中，形成完整的课内外一体化的教学组织形式。课外体育活动需要因地制宜，开设受学生欢迎的体育教学俱乐部，尽可能多地将学生吸引到各种体育俱乐部中来，实现有组织、有指导的课外训练目的。负责俱乐部的教师既是组织者、管理者，又是体育教学活动的教练员，俱乐部的活动每学期要有计划、有训练内容、有考核，最终完成从专修课到俱乐部形式的转型。

（二）从"只见内容不见生"到"因生而异"

通过对比现代体育教学俱乐部与传统体育教学俱乐部的教学组织形式，可以发现，传统体育教学组织形式主要是以体育教学大纲为主体，以项目为主线。传统体育教学的选修课多是以少数几类体育运动项目为基础，导致学生选择的知识面比较窄。现代体育俱乐部教学在教学组织形式方面比较灵活，学生可以自由选课、自由选择上课时间、自由选择任课教师。传统体育教学以体育教学大纲为关注点，突出的是体育运动项目，而体育俱乐部突出的是学生的兴趣爱好，关键点在因人而异。此外，体育俱乐部相对于传统的体育教学，特别关注学生的个性发展，强调培养学生的学习兴趣，改变学生的学习行为。传统的体育教学在过去的社会背景下，仅仅注重增强学生的身体健康和学习技能。在教学组织方面，体育俱乐部的教学组织形式能够突出体育教学组织形式的多样性，极大满足学生的体育爱好。而传统体育教学的组织形式注重班级的整体性，弱化学生的特长，强调统一性，强调班集体的整体发展。在师生关系方面，体育俱乐部教学组织形式特别注重教师与学生之间的相互协作、双向发展。体育俱乐部教学模式的突出特点主要体现在时代性、社会性、针对性、适应性、可操作性和实效性上，从而也更具有优越性。

（三）高校体育俱乐部教学模式的利弊

1.高校体育教学俱乐部的优势

（1）满足学生的个性发展需求

高校学生大多处于18岁～22岁，此阶段学生的自我意识比较强，注重个性的追求。高校体育俱乐部教学形式能极大地满足学生的个性需求和自主选择愿望，让学生自主选择上课时间、体育项目，增加了学生与体育教师交流的机会，提高了学生的锻炼积极性，激发了学生的课外活动热情。

（2）体育俱乐部的教学模式对于教师的优越性

学生自主选择体育项目和体育教师，学生的选择会直接反映教师的上课情况和受学生欢迎的程度，也可激励体育教师不断提高自身水平，从而提升整个教师队伍的素质和教学水平。

（3）体育教学模式改革的过渡条件

传统的体育教学具有一定的固有教学模式，如今，各大高校基本都采用此类教学模式。相比之下，体育俱乐部教学模式更加具有灵活性和创新性。这种转变不是一瞬间就能完成的，需要一段过渡时间和先决条件。高校中的各种体育社团和协会为传统体育教学模式转化为体育俱乐部模式提供了现实、自然的过渡条件和基础。

（4）培养学生终身体育的意识

体育俱乐部教学模式注重学生的自主性，有助于消除学生的厌学心理，促使学生从心底喜欢体育锻炼，在较大程度上提高了学生锻炼的积极性和热情。在学校中的不断锻炼也培养了学生长期进行体育锻炼的好习惯，同时在思想上也培养了学生终身体育的思想，从思想上指导行动，让学生养成终身体育锻炼的好习惯。

2.高校体育俱乐部教学模式的不足

当前虽然部分高校已经开展了俱乐部式教学，并且体育教学方法也发生了一定程度的改变，但是与传统体育教学还存在一定的联系，不能完全摆脱传统体育教学模式的影响，甚至只是在传统体育教学模式中稍加改善。

第一，学生自主选择上课项目，打乱了原来的班级，给排课、成绩录入等工作增加了困难。

第二，项目之间出现了人数不均衡问题，增加了教学难度。

第三，提高了对体育场地、器材设施和体育师资的要求。

第二节　高校体育俱乐部教学模式的应用

一、高校体育俱乐部的管理原则

（一）"以生为本"的原则

高校体育俱乐部的运作目标就是为学生提供职业化的服务，因此，教师在组织各种体育锻炼和各种竞赛活动时，要倾听学生的心声，要把握学生的心理，要明确学生的体育运动需求，唤起学生的体育运动热情。这样学生才会积极地参与到体育俱乐部的各项活动中去，才能让高校体育俱乐部的发展有扎实的"学生基础"。

高校体育俱乐部的发展和管理要以学生的健康运动为设计原则，在组织各项体育锻炼活动时要充分考虑其是否有利于学生身心健康的全面发展，要考查学生的身体素质，并针对不同身体素质的学生设定科学合理的运动量，避免损害学生的身体健康。

高校体育俱乐部在运营过程中要充分保证学生的人身安全，对部分有安全隐患的体育项目要进行严格审查，定时检查体育器材，还应采取一定的保护措施，避免对学生的人身安全造成伤害。

（二）一体化原则

无论是课内体育俱乐部、课外体育俱乐部还是课内外一体化体育俱乐部，或是竞技体育俱乐部，都必须遵循统一规划的原则，建立健全逐级监督制度。由主管体育工作的学校领导负责各种体育俱乐部总体规划的制定，同时负责督促检查体育俱乐部的工作安排。体育俱乐部主任主要负责俱乐部工作进度的安排，检查每位教师的工作执行情况。每名教师要完成本人的工作计划，为每名学生建立详细档案，以备查询。俱乐部里的学生体育骨干则主要负责召集俱乐部成员参加体育活动，完成具体的管理工作，例如，组织各种教学比赛，做裁判员工作，以及监督俱乐部成员的体育活动完成情况等，从而在俱乐部里起到模范带头作用。

（三）层次化原则

因为受先天条件的制约，学生的身体素质存在较大差异。教师应该针对不同学生的身体状况采用科学的、定量化的体育锻炼方法。通过分层教学，帮助学生由浅入深、循序渐进地掌握该体育项目的知识和技能。每一级的教学层次都应有与之相对应的教学大纲、教学要求和切实可行的教学模式，从而根据不同层次学生的运动水平，指导学生达到该体育运动项目的等级，目的是引导学生在学习中产生"爬楼梯"的感觉，激励学生"更上一层楼"，完成预定的体育教学目标。

二、高校体育俱乐部的管理途径

（一）"三步走"措施

1.第一步

高校体育俱乐部想要解决资金困难，就要拓展经费来源渠道。资金问题是制约高校体育俱乐部发展的首要问题，学校要拓宽资金筹集渠道，改变过去单一依靠学校财政支持和学生交纳会费筹集经费的形式，要积极寻找更多的资金来源渠道。首先，各高校要重视体育俱乐部建设，要把体育俱乐部作为高校体育事业的重要组成部分，可以成立专项资金用于体育俱乐部的运营管理，要做到专款专用，保证体育俱乐部的日常正常开支。

学校应成立体育俱乐部管理运营领导小组，保证对体育俱乐部日常活动的指导监督。其次，高校体育俱乐部可以到社会上多方筹措资金，比如寻找企业提供赞助。当前，很多企业都十分重视开发高校市场，特别需要加强和学校的关系。高校体育俱乐部可以这些企业为突破口，寻求合作，让企业在体育俱乐部举行大型体育竞赛时提供必要的资金赞助，或者器材、设备赞助等，甚至可以建立长期的合作关系，这有利于缓解体育俱乐部运营的资金压力。

2. 第二步

高校体育俱乐部在发展过程中往往会面临诸多问题，尤其在资金不充裕、设备不完善的情况下，提高高校体育俱乐部的管理水平就显得尤为重要。不合理的管理可能造成高校体育俱乐部的运营处于无序状态，导致各项体育活动的开展受阻。因此，必须建立科学的体育俱乐部管理制度。

首先要建立一个领导小组，这个领导小组由体育主管及主要体育老师和俱乐部的管理人员、俱乐部的教练人员共同组成，这样可以及时了解体育俱乐部的运营情况并做出判断，亦可弥补只依靠体育俱乐部成员管理的漏洞。其次，高校体育俱乐部既然是为学生服务的，那么可以在体育俱乐部内部设置专门的"学生岗位"，让学生参与到体育俱乐部的日常管理中来。同时，也可以从学生的角度出发对俱乐部的发展提出建议，这样既能锻炼学生的管理能力，又能了解学生的实际需求，可以保证高校体育俱乐部的健康发展。再次，高校体育俱乐部在运营过程中可以适当引进商业化的运作模式，可以把提供有形服务作为俱乐部管理的一部分，保证管理模式的与时俱进。

3. 第三步

部分学校因为资金短缺和其他方面的问题，体育基础设施尚不够完善，现有体育场地仍然难以满足所有学生的运动需求，在这种形势下，高校体育俱乐部要发挥自己作为俱乐部管理者的作用，要加强对现有体育基础设施的管理和调配。

首先，高校体育俱乐部在日常运营和各项体育竞赛进行前，既要进行统筹安排，也要提高体育基础设备的利用率。可以在一个体育场地内进行区域划分，开展多种类型的体育活动，以解决高校体育场地不足的问题，提前对学生进行体育运动所用到的场地进行安排，避免在实际体育项目的开展中出现冲突。其次，高校体育俱乐部要研究学校现有体育设施和运动场地存在的问题,要将其写成报告并呈交给学校,要呼吁学校有关部门着手解决设施问题。俱乐部可以制订一份长远发展规划,让学校有步骤、有计划地扩大体育基础设施建设。

在高校体育俱乐部教学模式下,学校更要关注学生的发展,更应注重发挥学生的主体性地位,高校体育俱乐部教学模式倡导学生自由选择体育教学项目,自由选择体育锻炼方式,并进行自主锻炼。

(二)加强高校体育俱乐部的内部系统管理

高校体育俱乐部在建立、健全俱乐部各种规章制度后,应加强内部管理。高校体育俱乐部在各种规章制度下施行各种管理手段,使高校俱乐部处在有效的管理过程之中。即在规章制度规定的范围内开展各种文体活动,使高校俱乐部的管理形成良性循环的监督机制、约束机制、激励机制。

要加强高校体育俱乐部的内部系统管理,首先要制定体育俱乐部的管理目标。这一目标应由所有的管理者和会员共同参与制定,并共同努力完成。俱乐部制定的管理目标要与大学生会员的实际情况相符合,所以制定的管理目标应该具有适合性、具体性、可操作性和超前性。其次,应加强对俱乐部成员的管理。高校体育俱乐部应充分调动学生参加俱乐部活动的主动性和积极性,发挥学生的各种专长,特别是发挥具有体育特长的大学生的骨干作用,有利于协助俱乐部的管理。最后,高校体育俱乐部应实行有效的激励和约束机制。对有贡献的体育俱乐部管理者应该给予奖励,从而提高体育俱乐部管理者的积极性。而对于不按照规章制度办事的学生应该给予批评教育,使高校体育俱乐部能按照既定目标良性运行。

(三)以体育设施为依托,积极拓展经费来源渠道

高校体育俱乐部教学模式的开展必须有完善的体育基础设施和充足的运作资金作为保证。因此,各高校在体育俱乐部建设过程中应利用有限资金建设学校最紧缺、最急需的体育设施,并对一些年久失修的体育场馆设施进行维修。科学有效地进行管理,合理利用体育场馆,确保学校体育俱乐部教学的顺利开展。同时,学校应该加大在体育教育方面的拨款,以学校体育设施为依托,尝试吸收周边外来群众定期、定点、定时地以

俱乐部会员的身份来校进行体育锻炼，收取一定活动费用，或者与校外企业建立合作关系，招商引资，积极举办一些赛事，通过各种途径解决体育俱乐部教学经费短缺的问题。

（四）制度保证

高校体育俱乐部的管理应树立"健康第一"的管理目标，遵循"以学生为本"的管理原则，认真贯彻"促进学生身心健康"的俱乐部管理宗旨。为此，学校应制定各种有效的体育俱乐部管理规章制度，但需正确处理俱乐部管理规章制度与学校规章制度的关系。要处理好高校体育俱乐部的健康发展与加强监督管理的关系，从而促进高校体育俱乐部的良性、高速发展。

第三节 高校体育俱乐部教学模式的构建

一、健全管理体系，明确发展方向

第一，学校要健全高校体育俱乐部的管理机构，完善机构设置。第二，学校要明确各部门的岗位职责，制定各项管理制度及中长期发展规划，新时期高校不同领域与社会相关领域之间的交流与合作日益频繁，但是高校体育与社会体育之间的交流却越来越少，二者在运作过程中基本处于孤立的状态，这种局面不仅不利于二者的发展，而且对我国整个体育事业的发展也有一定的阻碍作用。如今，高校体育社会化已是社会体育和高校体育发展的必然趋势，所以，大学生体育俱乐部作为高校体育中的重要组织，更要充分发挥作用，真正将高校体育与社会体育结合在一起，努力做到资源共享，促进二者的协调发展。

二、加强与社会组织的交流

当前，我国高校之间的体育交流较少，交流方式仅局限于体育比赛，此种情况不利于各高校实现优势体育资源互补，也不利于交流体育教学经验。因此，应加强高校体育俱乐部与社会体育组织的交流与合作，二者都有各自的资源需求，社会组织走入高校，高校体育俱乐部进入社会，有利于两者的体育场地、人力、资金等资源得到合理的配置和高效率利用。高校体育俱乐部与社会组织共同参加体育活动，可以相互促进，也可以根据各自的实际需求实现原有模式上的创新，做到与时俱进、共同发展。

三、努力与现代高校教育的发展趋势相适应

（一）以学生的发展为中心，重视学生的主体地位

如果学校和体育教师在教材和教法上处理不当，将直接导致学生丧失对体育运动的兴趣，学生学习体育的积极性和主动性无从谈起，甚至会出现"体育课上无精打采，课外活动兴高采烈"的现象。因此，体育课程从设计到评价，各个环节都应始终将学生的主动、全面发展放在中心地位。在教学活动中，在注意发挥教师主导作用的同时，需要着重强调学生的主体地位，充分发挥学生的学习积极性和潜能，提高学生的体育学习能力。

（二）积极利用和开发课程资源

我国高校体育课程资源主要包括项目内容的拓展、自然资源的开发、师资队伍的培养、场地器材的创新等。积极利用和开发课程资源是顺利实施学校体育教育的重要保障，有利于充分发挥各课程资源的教育潜力，体现课程的弹性和地方特色。

（三）加强体育课程的个性化和多样化

我国高校体育课程长期受到标准化、规范化课程体系的影响和制约，过分要求所有学生达到同等标准，从而导致过高的统一要求，以致忽视了学生的个体差异、而现代体

育俱乐部教学模式比较注重体育课程的个性化和多样化，使学生有自主选择权，可根据自身的能力和爱好，灵活地选择所学内容和发展方向，强调尊重学生发展的多样性。

高校体育课必须具有鲜明的时代性与社会性，务必要拓宽体育教育的空间和视野。拓展现代教育信息交流的渠道，打破教材的限制，全方位、多角度地进行体育教育信息交流，促进学生知识与能力的扩展和深化，以学生为中心，最终实现多样化的体育课教学课程。

（四）课程与现代化信息技术相结合

现代高校教育应综合运用多媒体技术与信息技术，从社会的发展必然趋势看，现代教育技术的发展总趋势就是信息化。学校和体育教师应重视把现代多媒体技术与信息技术引入体育教学领域，赋予体育课程教学以新的内涵和时代特征。体育教师要着重培养学生的学习兴趣、学习能力和创造精神，为此，教师需要充分利用现代教育技术与手段，建立开放式的体育教育网络；要让学生全方位领略最新的科技成果和现代化手段给体育教学带来的形象性、直观性、趣味性和欣赏性，促进高校校园体育文化的发展。

四、与现代高校体育的发展趋势相适应

（一）现代高校体育要与社会群众体育相协调

学校应将学校体育同社会体育有机衔接起来，投身到社会体育的热潮之中。高校在培养学生的过程中，应努力使学生在校学习与未来发展同社会需要实现接轨。针对时下全民健身运动蓬勃发展的大好形势，学校应为学生提供机会，保证学生参与社会体育活动。同时，帮助具有一定基础的大学生参与社会体育工作实践活动和竞赛，这样既能激发学生对体育健身的积极性，又能取得一定的经济效益。

（二）现代高校体育要适应社会发展的需要

现代高校体育课程教学不仅要实现跨越式发展，而且要实现协调发展，因为协调发展是体育事业发展壮大的重要条件。没有发展，高校体育就会失去前进的动力；不进行

体育教学改革，协调发展就是一句空话。应在改革中实现高校体育内部结构的协调配合，以及体育与外部经济、社会的协调运转。随着我国改革开放进程的逐步加快和社会经济文化的迅速发展，我国民众对于体育的需求和对高校体育的要求也发生了变化。体育的终身化、休闲化、生活化、娱乐化和产业化，都要求学校体育进行必要的改革。

（三）现代高校体育要符合"健康第一"的教育思想

"健康第一"主要是基于对学校体育本质功能的深刻认识。在意识形态层面上，"健康第一"的思想是马克思主义人权思想在教育领域的鲜明体现，它是人权思想、人道主义精神和未成年人保护原则的具体体现。在具体操作层面上，它也是学校体育对"素质教育"的最重要的应对措施。当学生的学业、社会工作与他们的健康发生冲突时，就需要服从健康；当学校体育教学部门内部各种关系发生矛盾时，也要以健康为第一。

五、充分发挥体育教师的潜能，提高教师的专业水平和能力，完善师资结构

长期以来，我国体育专业人才教育多是以竞技体育项目为主，体育师资队伍不能完全满足高校体育俱乐部发展的现实需要。为此，高校和体育教师需采取以下措施予以解决：

第一，大胆引进体育专业人才，在选聘教师时，应优先考虑具备紧缺专长的候选教师，充实、改善教师的年龄、知识、专业和职称结构，以适应新时期我国高等教育和体育教学的发展需要。第二，对现有体育教师进行在职培训，具体而言，学校可以通过进修学习和培训提高教师业务水平，解决专长教师紧缺的问题。第三，鼓励体育教师考取更高学位，并给予一定奖励。

六、注意内容设置的合理性

高校体育俱乐部的教学内容首先要与学校的体育课程保持一致，俱乐部可以根据单项的体育运动来进行设置，比如足球俱乐部、篮球俱乐部等，还可以将俱乐部实现分级，以区分身体素质和运动能力不同的学生。而在设置教学课程内容的时候，需要保证学生也能学习到其他的体育知识。在设置一定的课程之后，还应对学生的成绩进行考核，以达到素质教育的目的。但是，教师应该切记，不能片面地根据分数对学生进行考核，还应该综合学生的各方面表现，如运动积极性、领悟能力、进步速度等综合考量，既能让学生体会到体育带来的激情与快乐，又能监督学生进行持久的锻炼。

七、学校及体育教师要转变体育教学观念

首先，高校要转变教学观念与思想，尽可能地完善体育教学制度。合理购置体育器材，培养学生主动积极参加体育锻炼的观念，总之，要最大限度地为学生进行体育锻炼创造良好的环境。现代高校体育教学更加注重体育自由和体育精神，所以，要想让俱乐部模式在高校中得到普及，就必须要领会现代体育精神，接受更为先进的体育教学理念，将俱乐部的优势充分发挥出来。学校在引进俱乐部教学模式时，要始终坚持多样性和自主性的原则，发展课堂教学与课外教学相互协调的关系。只有坚持正确的体育教学方针，才能保证高校体育教学的有效性。

其次，高校的体育教学部门要对俱乐部进行科学的管理和监督，在实际操作的过程中，要根据学生的具体情况对俱乐部进行合理的规划和调整。同时，还应做好体育教师的奖惩、任免工作，增加同校外体育组织的学术交流活动。

总之，高校体育教师要详细了解体育俱乐部的实际情况，对体育俱乐部进行有效管理，避免出现其他问题导致正常体育教学工作无法展开。

第四节　高校体育俱乐部教学模式的创新

一、高校体育俱乐部课内外一体化教学模式

（一）高校体育俱乐部课内外一体化教学模式的作用

1. 有利于高校体育俱乐部教学课程的改革

高校选择的体育课程应具有实用性并便于教学，还应尽可能地开设时尚体育项目，有利于学生毕业后进行自我锻炼。在教学目标的定位上，应明确运动参与目标、运动技能目标、身体健康目标、心理健康目标及社会适应目标等五个方面的目标体系。

在教学用书的选择上，可以在重视传统体育项目的同时，适当选择新兴、热门的体育运动项目。同时，还需注重学生自主学习、自我监测和自我锻炼等方面的能力，着重培养学生的终身体育意识和体育运动习惯。针对体育基础好、运动能力较强、求知欲较强的学生，可以开设课外体育辅导课和运动训练课，开展校内外体育文化交流，培养学生对体育运动的兴趣，提高学生的自主学习能力，促进学生的专项技能得到质的提高，满足学生个性化的体育运动需求。对于高年级学生，可以开设健身类、健康类和休闲类体育运动课程，使学生认识到增强自身体质的长期效应，树立正确的体育生活方式，养成健康的体育行为习惯，保证体育教学长期不间断。

2. 可以激发学生参加体育健身的兴趣

高校体育俱乐部制教学改革的重要环节就是打破传统的"三段式"体育教学模式，促使体育教学模式更加灵活。根据学生体育锻炼的兴趣、爱好和实际需要，并结合本校的体育基础设施及体育教师的教学水平等主客观条件，停止向学生讲授一些枯燥乏味且选课学生较少的课程，同时增设符合大学生实际需求的体育运动项目，例如足球、跆拳

道、街舞、钢管舞、篮球等。学生可以根据自身的实际情况和喜好选择相应的体育课程进行学习，有利于学生从内心深处自发地对体育课、体育锻炼产生浓厚的兴趣，而不是被动接受老师的灌输。学生有了浓厚的学习兴趣，体育课堂的气氛才会变得更加轻松、愉快与和谐。学校各体育俱乐部每学期还应定期举行各种形式的课内外比赛活动，以期达到既丰富学生的业余文化生活，又提高学生体育锻炼兴趣的目的。

3.有利于教师对课外体育活动的合理指导

体育俱乐部课内外一体化教学模式的积极作用主要在于其能够将体育课堂内的体育知识延伸至课外，实现高校体育教学影响范围的最大化。教师通过这种模式可以间接地影响体育课外活动，甚至可以直接指导学生进行体育课外活动。体育教师参与课外体育活动指导的频率反映了学校对课外体育活动的关注度和支持度。教师参与学生课外体育活动的主要形式，有体育俱乐部、体育社团、体育训练队等。高校体育教学俱乐部中的很多学生都认为教师参与活动的时间足够，能给予学生全方位、科学的辅导。体育教学俱乐部中的学生对于教师的课外活动指导普遍认为足够用，从而提升了学生对于课外体育活动的兴趣。此外，由于体育教师总是及时地到场对学生的相关问题进行合理解决，这也可以激发学生参与课外体育活动的兴趣。

4.充分贯彻终身体育的教育思想

在高校体育教学过程中，引入课内外一体化体育俱乐部教学模式符合终身体育的要求，有利于现代高校体育的持续、协调发展，课内外一体化体育俱乐部教学模式通过教师集中指导、学生分散练习的方式实现，其作为高校体育课堂教学的外延和补充，能够极大提高学生的积极性和主动性，调动学生参与体育学习和课外体育运动的兴趣。在具体教学内容选择上，其也能体现学生的需求和兴趣，调动学生的运动热情。体育运动健身不可能"毕其功于一役"，需要在长期的生活、学习过程中持久坚持，课内外一体化的体育俱乐部教学模式以学生为中心，实现学习内容和训练任务与体育课堂教学的融合，极大地推动了学生在掌握体育知识、运动技能的过程中，逐渐养成终身体育的意识，并培养起终身坚持体育健身的习惯。

（二）高校体育俱乐部课内外一体化教学模式的构建

1.体育教学指导思想

高校体育教学指导思想是指对体育教学的意义、内容以及方法的认识和理解，其对体育教学起统领、引导的作用。体育俱乐部课内外一体化教学模式的指导思想在于注重学生个体的差异，注重培养学生的体育兴趣与爱好，促使学生养成体育锻炼的习惯，增强学生体质，以及提高学生的体育技能。

2.体育教学目标

体育教学目标是指在一定时间和空间内，体育教师和学生经过努力后所要达到的教学结果的层次、规格或状态，体育教学目标是高校体育教学的出发点和最终归宿，并决定着体育教学的发展变革方向。体育教学目标制定得是否合理清晰，将对整个高校体育教学过程产生直接、深远的影响，也对整个体育教学的发展方向起着指引性的作用。体育俱乐部课内外一体化教学模式主要包括课内和课外两大部分，但这两部分的总体教学目标是统一的，如：

①帮助学生形成正确的体育价值观，树立终身体育观念，养成长期的体育锻炼习惯。

②帮助学生掌握一定的体育专项理论知识和运动技能，增强学生的身体素质。

③帮助发展学生的个性，提高学生的创新能力和体育实践能力，全面提高学生的整体素质。

3.体育教学的组织与管理

科学合理的管理机制是体育俱乐部课内外一体化教学模式规范运作的重要保障，学校各部门应加强分工协作，以保证体育俱乐部课内外一体化教学模式的顺利、规范实施。学校教务处负责组建多个单项体育俱乐部，各单项俱乐部协会负责俱乐部的日常管理，学生处则主要负责课外体育俱乐部的监管、教学管理、技术指导及体育基础设施的管理等工作。

4.体育教学内容

在体育教师师资、体育基础设施及周边环境条件允许的情况下，学校可以建立多个单项体育俱乐部，从而为学生提供较大的选择空间。教学内容的设置还要考虑课内外相互衔接的问题，使课内体育俱乐部外实现高度一体化。为防止出现部分锻炼价值较高、但较枯燥的体育运动项目（如田径）没有学生选择的情况，学校可以把体育运动项目分成两大类，如必修类和任意选修类等，学生必须选择一项或一项以上必修类的运动项目（如中长跑）进行体育锻炼。同时，教师采用多种方式向学生讲授运动损伤防护、营养、健康生活方式等方面的理论知识也十分重要。

5.体育教学方法

体育俱乐部的指导教师要根据学生的现实身体条件，确立科学合理的体育教学方法。初级班和中级班学生技术水平相对较低，以传授为主，高级班则应以辅导为主。在教学过程中要充分体现与发挥学生的主体作用，倡导师生之间和学生之间的团结互助，努力提高学生参与教学活动的积极性，最大限度地发挥学生的创造性，以便于学生终身体育意识的培养和长期体育锻炼习惯的养成。

6.体育教学评价

教学评价体系在高校体育教学中的作用十分突出，其对实现体育教学目标具有重要意义。评价学生的体育学习效果，需要从学习效果和学习过程两个方面分别进行，主要的评价方式包括学生自评、学生间互评、教师点评等。体育教师要将学生的进步和潜能纳入教学评价体系之中，还需注重建立完善的"课内外一体化"体育教学评价体系。此外，学校及体育教师要全面落实相关的政策规定，要对学生的体育能力进行全面评价，并将学生的学习过程与最终效果评价紧密衔接起来。只有这样，才能既考评学生的实际体育技能，又考评学生身体锻炼的实际效果，对促进学生的全面发展具有良好效果。

二、高校体育俱乐部"三位一体"教学模式

（一）"三位一体"高校体育俱乐部教学模式的现状

高校体育俱乐部"三位一体"教学模式，把当前先进的教学理念引入体育课程中，即坚持"健康第一"的教学指导思想，培养学生拥有健康的意识与体魄，促进学生健康成长。"三位一体"教学模式强调学生的主体地位，帮助学生学会学习；激发学生的运动兴趣，注重培养学生的运动爱好和体育专长，为终身体育奠定基础。

"三位一体"教学模式强调体育课程教学的具体目标，主要是指教学目标，包括技能目标、知识目标、情感目标等。此外，"三位一体"教学模式把体育课程分为三个部分，各部分之间紧密相连，相互促进，最终目的是实现体育课程教学的总体目标，它们是一个良性循环的课程体系。

"三位一体"教学模式强调改革现有体育教学内容、教学方法及考核手段，要求教学内容丰富多彩。学生可以从自己的学习兴趣出发，自主选择体育学习内容，从而满足自身的体育锻炼需求，该种教学模式能够充分体现学生的主体性并且有利于学生长期保持对体育锻炼的兴趣。

（二）高校体育俱乐部"三位一体"教学模式的构建

1.构建高校体育俱乐部"三位一体"教学模式的必要性

（1）是体育教学人本关怀的体现

当今世界科学技术迅猛发展，全球知识经济一体化的趋势日趋明显，国与国之间的竞争日趋激烈。高校是人才培养的主阵地，其培养的人才素质如何，直接关系到国家的未来发展。

（2）是适应时代发展的必要措施

由于科学技术和全球经济一体化的快速发展，当今社会人们的生活节奏越来越快，生存竞争日渐激烈。高校培养的复合型专业人才走进社会，不是单凭传统意义上的德、智、体全面发展就能够适应的。高校体育俱乐部"三位一体"教学模式能够培养学生良好的心理素质，坚强的意志，顽强的拼搏精神和紧迫的竞争意识，有利于学生的个人职业发展。

2.高校体育俱乐部"三位一体"教学模式的构建措施

（1）理念先行

理念决定行动，理念塑造品质。就体育教学模式而言，理念主要是体育教师对自身的使命、责任和荣誉的认识和理解，是立足长远的宏观规划和思想指南。在体育教学理念上，体育教师需要真正尊重学生思想存在和发展的客观规律，体育教师必须从学生的心理、身体特点和发展规律出发，强化健康体育意识，提高体育教学工作的实效性和说服力，增强体育教学工作的有效性。

（2）实践检验

体育教学是一门实践性很强的课程，是广大学生养成良好的体育锻炼习惯和具备相应的体育锻炼能力的重要手段。在体育教学过程中，体育教师需要增加必要的实践环节，例如观看体育比赛、参加体育运动赛事等，增强体育教学工作的针对性和效果。

（3）体育课堂教学

体育课堂教学是向学生传授体育运动知识的重要途径，同时也是体育教师向学生传授运动知识和技能的全过程，它主要包括体育教师讲解，学生问答，体育教学活动，以及体育教学过程中使用的所有体育器材。在具体实施办法上，体育教师把学生编成固定人数的运动团体，按照各类体育运动项目教学大纲规定的内容组织教学内容、选择适当的教学方法；并根据教学时间的安排，向学生传授体育运动技能。

在具体教学过程中，教师应努力创设一种"以人为本"的教学氛围，以学生为中心的体育课堂环境，营造一种尊重学生观点，鼓励学生提问、概括、假设和陈述的体育课堂教学氛围，积极鼓励和评价学生的参与行为。此外，体育教师要努力实现体育教学从观念到行为的转变，改变以往单纯传授体育运动技能的做法，对学生对待体育运动的兴趣、态度和价值观给予足够的关注度，提高体育课堂教学效率。

总之，高校体育俱乐部"三位一体"教学模式的出发点是促进全体学生全面、协调、持续地发展，而终身体育观念是学生长期坚持体育锻炼的前提和基础。成功的体育教学，应该是唤起学生参加体育运动的欲望。只有那些唤起学生运动兴趣、运动激情的体育教学才能激发学生参与体育课堂的积极性。体育教师要适当放开手脚，以"合作者"的身份参与到学生的体育课堂学习之中。具体而言，体育教师要善于创设各种机会，帮助学生去发现、去探索体育运动的奥秘；用心去营造一种体育学习与运动氛围，培养学生长期坚持体育锻炼的意志力，从而让学生以活跃、旺盛和高昂的精神状态去积极参与体育运动。使学生在体育教学活动中培养自主学习、自主发展的能力，让体育教学不再局限于传统的体育教学形式，而是充满现实的、有意义的、富有挑战性的体育教学与学习。体育教学给学生带来的不是体育技能的灌输，而是自主进行体育锻炼的愉悦体验，这也是提高体育教学效果的重要措施。

（4）评价标准

高校体育俱乐部"三位一体"教学模式在构建完成并得到切实落实后，还需要有相应的专用评价体系进行考核，以便能够及时、有效地评估这种全新的体育教学模式是否切实可行，是否满足了高校体育的教学实际需要。高校体育俱乐部"三位一体"教学模式的教学评价重点在于评估运用此方法后，学生的体能素质、理论理解、心理状态等方面是否达到了预期的标准及要求。也就是说，高校体育俱乐部"三位一体"教学模式相对应的教学评价体系，应当围绕学生的体育教学和身心培育这两大方面进行有效评价，而不应以体能测验作为唯一的评估指标。换言之，学校及体育教师在评价学生的体育学习效果时，不仅需要关注学生的体能是否有所提高，而且还要关注学生的体育运动态度和体育运动行为是否有所改进。此外，该评估体系还应满足科学合理、操作高效、准确客观等相关的具体要求，既要关注最终结果，又要兼顾学生的学习过程。

第六章　高校体育信息化教学模式

第一节　高校体育多媒体网络教学

一、高校体育多媒体网络教学的构成要素

体育教学本身与其他学科存在不同，主要体现在体育实践教学是以师生思维活动为基础，以身体活动为主要手段来传授掌握知识、技术、技能的。利用这一特点，高校可以借助多媒体计算机网络具备的强大的多媒体教学信息资源优势，使体育教学活动由传统的教学模式向多媒体教学模式不断发展，逐步构建成一个功能完善的多媒体网络教学平台。多媒体体育教学模式由以下几个角色组成：

（一）体育教学目标

教学目标是任何教学活动都离不开的，在网络上实施教学活动必须要追求预期的教学目标，它是多媒体网络教学模式运行的风向标。根据现阶段我国的教育方针和学校体育的总目标，我国现阶段的体育教学目标是向学生传授体育、卫生保健知识和体育技术、技能，增进学生健康，增强学生体质，培养学生运动能力和良好的思想品德。

（二）网络技术基础环境

网络技术基础环境是实施多媒体网络教学所必须具备的前提、必要条件，因特网、广域网、局域网，以及各种硬件设备的性能，信息传输的条件等都制约着多媒体体育教

学模式的展开。与传统体育教学模式相比，良好的技术环境可以使体育教学活动得到全方位的开展，它本身也体现了网络教学所独有的特点。

（三）"人"与"机"之间的关系

"人"与"机"之间的关系是多媒体体育教学模式的重要构成因素，"人"即教育者和学习者，"机"指多媒体设备、网络设备等技术环境，人机角色关系包括师生关系和师生与计算机网络之间的关系。在体育教学过程中，"教师—计算机—学生"形成了一个特殊的教学关系，在这样的教学环境中，师生以计算机网络为媒介，形成了新的教学模式和师生关系。与以往的教学模式——教师和学生面对面地进行教和学不同的是，教师把自己所要讲授的知识通过网络传递给学生，而学生则通过网络学习教师发布在网上的知识。同时，由于不同地区、不同学校、不同体育教师对同一知识有各自的理解和感受，并会将这些理解和感受发布在网上，因此学生在学习时可有多种选择，有利于学生对知识的理解和掌握。

二、多媒体网络教学平台在高校体育教学中的推广

（一）多媒体网络教学采用的主要学习方式

1. 实时远程教学

目前，较多的普通高校网络教育学院采用实时远程教学。实时远程教学为师生提供一个虚拟教室，师生通过语音和图像进行实时交流，如同在一个教室中一样。

2. 按需点播的远程教学系统解决方案

以视频课程为主要学习资源，学生可以通过互联网，借助浏览器，按需检索、观看视频教学资料。教学资料存储在视频服务器上，能支持多种压缩编码格式的视频文件，该模式还可完成学习中的答疑、作业、测试、交流等教学过程。

3. 以 Web 课件作为学生的主要学习资源

Web 课件提供文字、图片、动画等多种媒体的教学资料，导航清晰、方便个性化学习。此模式对学生的终端要求很低，学生可以自由选择上网的时间和地点，通过浏览器

连接到 Web 服务器上进行各项学习活动。该模式非常适用于普及型、自学型的远程教学应用。

4.Think-Quest 网络学习模式

随着网络在教学过程中的使用日益频繁，基于网络的学习模式层出不穷。Think-Quest 就是迅速发展起来的基于网络的、任务驱动式的学习模式，并且在国外已经得到了广泛的应用。这种学习模式给参与者提供了建立一个关于某个主题的教育网站的任务，参与者必须利用网络的和非网络的资源来充实网站的内容，还要运用各种网站建设工具来完善网站的构架，美化网页，这本身就是一个学习的过程；另一方面，设计者建立的网页可以被其他学习者所利用，作为他们学习的资源。

（二）高校体育多媒体网络教学平台各模块的应用

高校体育多媒体网络教学平台是基于互联网络开发的一种用于高校体育教学的系统集合，它既是高校在校学生自主化、个性化学习与交流体育知识的平台，也是日常高校体育教学有效辅助功能的载体。

根据高校体育特点设计的高校体育多媒体网络教学平台，在推广过程中应当至少具备以下模块：

1.体育信息资源模块

该模块主要作用是整合互联网中最新的体育信息资源。对互联网中各大体育资讯网站的最新体育资讯及信息资源检索并发布于该模块内，供学生与教师获取。高校学生及教师可以通过该模块了解最新的体育资讯，同时可以在线观看各种大型体育赛事的视频。学校也可利用此模块发布有关学校的最新体育资讯。

2.体育教学模块

体育教学模块是高校体育多媒体网络教学平台的核心，该模块所承担的主要职能是高校体育教学过程的展示与辅助。该模块包含课程简介、电子教材、授课教案、多媒体网络课件、直播教学、授课录像（包含精品课程展示）、课程资源收集等子模块。教师将授课的信息资源编辑上传至体育教学模块，学生可以通过此模块了解体育课程，进行自主学习。多媒体网络课件还可以直观地展示难度较高的技术动作，以便学生更好地理解与掌握动作要领；授课录像有利于学生课后的复习与加强记忆。

3.即时通信模块

即时通信模块是实现教学信息即时沟通的主要系统，其可实现教师及时为学生答疑解惑与在线指导，同时也是专家与体育爱好者进行交流的主要平台。

三、多媒体网络教学平台在体育教学中的优势

（一）有利于教学内容的直观化展示

在传统的高校体育教学过程中，体育教师对于技术动作的传授主要通过动作分析讲解和亲身示范来完成，但在这一过程中，许多具有难度的技术动作是在一瞬间内所完成的，教师在此方面的教学就会受到传统教学方式的制约，学生无法顺利地领悟该技术动作的要领，多媒体网络教学技术在体育教学中的应用将很好地解决这一问题，多媒体技术进行影像的定格与慢放，以及 FLASH 技术的应用，可以很好地呈现所要讲述的技术动作，使学生很快就能直观理解与掌握。在体育理论教学中，同样可以利用多媒体网络教学技术将一些文字化的内容通过多媒体进行展示，这样不仅使空洞的文字教学有了新的生命，也提高了学生的学习兴趣。教师利用摄影摄像器材对学生上课的技术动作做影像记录，然后上传到计算机设备上，运用多媒体技术制作成可以分解与慢放的影像，在学习过程中播放，指导学生进行自我评价与集体评价，起到良好的教学反馈作用。

（二）有利于教师与学生间的双向交流

多媒体网络教学平台拥有强大的信息资源共享功能，教师与学生间的及时沟通有利于体育教学的顺利进行。传统高校体育教学中，由于授课以班级为单位，学生人数较多，师生间交流受到一定程度的制约，而通过多媒体网络教学平台，学生可以实现与教师的在线交流互动。多媒体网络教学技术可以让学生与教师实现远程的"面对面"交流，更好地增进教学双方的互动，提高教学水平与教学效率。（三）有利于为学生提供个性化学习空间

传统高校体育教学的教学主体通常是围绕着教师、课堂与教材进行，由于受到学生

数量和教学时间的限制，高校体育教师的教学很难进行有针对性的个性化教学与教学指导，从而导致学生的自主化与个性化学习难以实现。通过在体育教学中应用多媒体网络教学，学生可以利用教学资源信息库来进行自主化学习与个性化学习，便突破了传统高校体育教学对时间与空间的限制，真正做到以学生为主体的个性化教学。

（四）有利于实现高校体育教学信息资源的共享与优化

多媒体网络教学在高校体育教学中的应用为高校体育教学信息资源的共享与优化带来了全新的改革创新。多媒体网络教学平台为高校体育教学提供了一个汇集世界各地先进学校、研究所、图书馆等各种信息资源的庞大的资料库。网上体育教育资源库的种类有很多种，包含体育教育新闻信息、各类体育教育统计数据、体育教研论文库等。在多媒体网络教学平台上，教学内容、教材、教学手段和辅助教学手段，以及考试等都可以因人、因需而异，自主选择性强，实现资源共享。

（五）有利于提高体育教师的教学效率

在众多高校中，高校体育课程对体育教师的要求是比较低的，而在实际情况中，很难存在对所有运动项目都有全面了解、对所有技术动作的展示都能完美示范的教师。体育教学的开展受到来自教师年龄、教师性别和教师个人能力的诸多因素的阻碍。而多媒体网络教学平台上有规范化的示范教学，可以保证学生接收信息的完整性和正确性。

（六）有利于打破体育教学地域性差异

由于经济发展的性不平衡，各地区体育教学的开展受到各种因素的限制。多媒体网络教学的应用可以很好地解决这一问题。通过多媒体网络教学平台间的资源共享，可以实现高校间的有效互动。借助多媒体网络平台的即时通信功能，可以实现千里之外专家的"面对面"指导。通过远程摄像头，可以更好地实现体育课程的远程教学。同样，各地区的高校学生之间也可以实现及时沟通与探讨性学习。

第二节 高校体育教学中的信息化技术应用

一、虚拟现实技术在高校体育教学中的应用优势

（一）虚拟现实技术专业性强

国内体育游戏领域的创编人员和计算机图形领域的专业人员，都会深深地感受到，不论是计算机游戏还是虚拟现实软件，创作和编制都是十分专业的工作，并且分工也很细致，开展此项工作需要各专业的工作人员。因此，真诚地希望体育专业的读者能注意到这个领域的专业性，在需要使用虚拟现实技术时，尽量请专业技术人员给予指导和帮助，这样会起到事半功倍的效果。

（二）建立以实景为基础的全景虚拟图像

体育场地管理、大型赛会的安全保卫工作等都需要了解体育设施的全景，因此全景虚拟图像或者数字地图具有很好的应用前景。电子地图技术是集地理信息系统技术、数字制图技术、多媒体技术和虚拟现实技术等多项现代技术于一体的综合技术，它是一种以可视化的数字地图为背景，用文本、照片、图表、声音、动画、视频等多媒体为表现手段，展示城市、企业、旅游景点等区域综合面貌的现代信息产品。基于实景图像的虚拟现实技术，即直接利用照相机或摄像机拍摄得到的实景图像来构造视点空间的虚拟景观。该方法具有快速、简单、逼真的优点，正在更多地应用于旅游景点、虚拟场馆介绍、远地空间再现等方面，非常适合实现虚拟旅游。所谓视点空间，就是指用户在一个观察点所观察到的球空间，它由不同焦距的全景图像按其焦距关系构成，反映了观察者在虚拟环境中某一观察点所能观察到的不同精确程度的场景空间。观察者可以在视点空间进行 360 度环视、俯视、仰视、变换焦距等多种方式的观察。所能观察到的景观全集被定

义为一幅全景图，对视点空间进行空间关联形成虚拟旅游系统。在观察时可以任意地转动观看，也可以改变视点，或是走近仔细观看。由于这些照片是相互连接的，所以只要照片有足够的精度就可以获得真实空间的感觉。同样，无论是在野外还是在复杂如迷宫的博物馆，通过建立以实景为基础的全景图像，就可以对周围进行观察，如果辅以声音，就可以获得更好的随意观察、交互访问的效果。

二、GIS 技术在高校体育教学中的应用

GPS 是全球定位系统（Global Position System）的简称。有关专家把 3S[GIS（地理信息系统）、RS（遥感技术）和 GPS]合称为地理信息的三大支柱技术。可以看出 GPS 不仅是 GIS 的数据源，它本身也具有重要的使用价值。GPS 最初只被运用于军事领域，而目前 GPS 已被广泛应用于交通行业，具有车辆的定位导航、防盗反劫、服务救援、远程监控、轨迹记录等功能。我国 GPS 装备的市场是十分庞大的，而在这个十分庞大的市场中，绝大多数的 GPS 个人用户在使用时和体育运动相关。主要原因是绝大多数购买 GPS 产品的个人用户把 GPS 装备应用在体育旅游、越野、野外远足、长距离驾车旅行和登山运动中。

1.当前 GPS 产品的种类

目前比较常见的民用 GPS 设备有：车载 GPS 系统（笔记本加接收器 GPS 系统、PDA 内置 GPS 系统和 PDA 及手机配蓝牙接收器的 GPS 系统），手持 GPS 系统和 GPS 防盗装置。一般来讲，手机配蓝牙接收器的 GPS 系统和 PDA 内置 GPS 系统的内存比较小，读图的速度相对比较慢。也有一些高端的 PND 类型（PDA+GPS）的产品，一般自带 1G 以上的硬盘，主频在 300 兆赫左右，运算速度也比较快些。有些使用低端 GPS 产品参加汽车自驾游的人曾经抱怨，某种 GPS 产品的响应速度太慢，特别是在复杂的路口，几分钟都不能提供刷新后的导航信息。

当前尽管 GPS 产品的品牌、型号很多，但是本质上可以分为三大类：①显示器、处理器和 GPS 接收器集成在一起的产品。②显示器、处理器和 GPS 接收部分是分离的，使用者可以自己选择自己喜欢的显示器和处理器部分。③用来跟踪车辆，防止车辆被盗、

抢的 GPS 设备。

2.GPRS 与 GPS 结合带来的机遇

通用分组无线业务（General Packet Radio Service，GPRS）是在现有第二代全球移动通信系统（Global System for Mobile Communications，GSM)网络基础上叠加的一个专为高速数据通信而设计的新的网络，其充分利用了现有移动通信网的设备，通过在 GSM 网络上增加一些硬件设备和软件升级，形成一个新的网络逻辑实体。GPRS 可以接入基于 TCP/IP 的外部网络和 X.25 网络，无线接口资源可根据业务流量和运营者的选择在语音和数据业务之间共享，从协议结构上提供了和 IP 网络的互通功能。GPRS 能向用户提供互联网所能提供的一切功能。GPRS 通信的速率最高理论值可达 171.2 千比特每秒，目前传送速率可达到 40～53 千比特每秒。这就为在移动中的车辆提供了一个可以高速传输数据资料的必要的基础，并且 GPRS 的用户一开机，就始终附着在 GPRS 网络上，每次使用时只需一个激活的过程，一般只需 1～3 秒便即刻登录至互联网，比固定拨号方式接入互联网要快 4～5 倍。所以，利用这种技术，人们可以将车载 GPS 上的位置数据或图像信号及时传输给中央控制室，也可将在运动的车辆中拍摄到的运动员实际运动的动作画面和位置信息同步的传输到大型赛会的指挥中心。实现真正地实时传输比赛的空间地理信息和运动员活动信息，并且还可以和控制中心进行双向交流。

3.体育领域应用 GPS 的事例

在我国，许多人把 GPS 和越野运动、汽车自驾游、登山运动、野外远足等体育活动结合起来。利用 GPS 设备的定位功能和导航能力，寻找甲地到乙地的最佳路径，在行车过程中寻找行进方向和路线；在野外旅行的过程中随时了解行程的基本信息、所在位置和周围村落、道路等固定物的距离、所在地点的高度等信息。最新版本的数字地图，甚至可以给出所在地周围加油站或大型商店、酒店的信息。

此外，有一些专业 GPS 公司，考虑得就更多一些，让 GPS 深入人们的生活，供人们在跑步等健身活动中使用的手表式 GPS。

体育专业人士在考虑 GPS 应用的时候，往往会希望把 GPS 方法和重要的体育活动结合起来，使它能够发挥更大的社会效益和经济效益。

第三节　高校体育微格教学

一、高校体育微格教学的设计原理与流程

（一）高校体育微格教学的设计原理

1.目标管理原则

高校体育教育专业使用微格教学法进行教学或者运动技能训练时，要注意微格教学的教学设计必须以实现课堂教学目标为先导，以教学技能为实现目标的手段，进行微格教学方案设计。若偏离了课堂教学目标，不管运用了什么样的教学技能都是无意义的。同时，为达到预定的微格教学效果，教师必须熟练掌握并且灵活运用微格教学技能，明确教学技能的训练目标，这样才能更好地实现课堂教学目标。

2.系统设计原则

微格教学包括教师、学生、课程（教学信息要素）和教学条件（物质要素）四个最基本的教学系统构成性要素，涉及教学目标、教学内容、教学方法、教学媒体、教学组织形式、学习结果和评价等过程性要素及其相互关系，是包含各种教学要素的、复杂的、微观的课堂教学子系统。体育教育专业的教师要善于划分课堂教学的子系统，在子系统优化设计的基础上达到总体优化。简单来说，就是注意在微格教学设计过程中子系统技能训练和全系统技能训练的关系。

3.反馈和评价原则

如果用形成动作技能的条件反射学说和控制论思想来解释体育专业微格教学训练和提高技能的本质，那就是利用多通道的反馈信息，根据条件反射的抑制原理，对已经形成的不良条件反射进行消退抑制、分化抑制、延缓抑制或条件抑制，促进生成良好的

教学技能和运动技能。对于形成的教学技能和运动技能则不断强化，在大脑皮层内形成深刻的感觉记忆，最终形成完善的动作技能。在微格课结束后，学生可及时观看自己的学习记录，并与指导教师、教练员和同学进行讨论评价，从而获得提高教学技能与运动技能的对策。

（二）高校体育微格教学的设计流程

1.教学设计

依照微格教学的特点，可把微格教学的教学设计分为五个阶段：

①根据体育教学大纲或训练计划，确定微格教学的内容并且制定分析方法、评分标准。

②微型课教学内容设计，确定微型课主要关注的教学技能和运动技术。

③明确教师或教练员行为规范以及学生或运动员行为规范。

④微型课的实施。

⑤分析与评价。

上述五个部分的内容互相影响，在进行微格教学设计时，教师要根据目标管理原则和系统性原则来确定每一次微格教学实践课要解决的问题和目标，同时要明确需要解决哪几种重点教学技能或运动技能中存在的问题。

2.教学技能综合训练评价

进行微格教学的目的就是要通过微型课教学对学生的教学技能进行培训，特别重要的一点是对教学反馈调节过程中所表现出的教学技能的合理性、技能组合的衔接、使用技能的应变能力等教师能力进行评价。在科学评价的基础上，通过反馈指导和改进教学方向与技能。

3.体育教育专业微格教学教案

和其他课程一样，开展体育课堂教学活动前也要编写教案。当然，采用什么教案格式并不是最重要的，重要的是教案要简洁、实用。

二、高校体育微格教学的技能要求

（一）导入技能

1.导入技能的运用原则

导入的类型多种多样，但在设计和实施中均应遵循下列原则，才能导之有方。

（1）目的性

教师要明确导入技能教学的目的，无论采用何种导入方式都应该使设置的内容指向教学目标，服从于教学任务和目的，要围绕教学和训练的重点。通过导入教学活动，应该使学生初步明确将学什么，要解决什么问题，怎么学。与教学目标无关的内容不要硬加上去，不能只顾追求形式新颖而不顾实际内容质量。不要让导入内容游离于教学内容之外，而是要使导入成为学生实现教学目标一个必要和有机的组成部分。

（2）相关性

导入的相关性包括两个方面：一方面是指导入内容的设计要与学生的年龄及思维特点相适应，尽量选择学生身边的情景，与学生的实际生活相关，这样才容易引起学生的注意和兴趣。另一方面是指在导入阶段要善于以旧抓新、温故知新，揭示新旧知识、技能的关系，使导入的内容与新课的重点紧密相关。如果导入与内容脱节，不管导入多么别致、精彩，都不可能产生好的教学效果。

（3）趣味性

积极的思维活动是课堂教学成功的关键，富有启发趣味性的导入能引导学生发现问题，激发学生解决问题的强烈愿望，能创造愉快的学习情境，促使学生自主进入探求知识的境界，起到抛砖引玉的作用。教师在设计导入的时候，要根据教学目标、内容和学生的情况选择发生在学生身边的、能引起学生好奇的等学生感兴趣的材料。

此外导入的方式很多，设计导语时要注意配合，交叉运用。不能每一堂课都用一种模式的导语，否则就起不到激发学生兴趣、引人入胜的作用。

2.使用导入技能的注意事项

教师在上新课或引导学生学习新的内容之间，要恰当地使用导入技能，把握好导入部分所占用的时间，同时，要在导入的时间里充分调动学生的学习积极性，使学生尽快投入新的学习中。

(1) 把握导入时间

导入的时间要适宜。导入仅是一个"引子",而不是将内容铺开地讲授,故导入时间不宜过长,一般以2~5分钟为宜。导入时间过长,难免喧宾夺主,分散学生的注意力。导入时的语言要力求简短明了,切忌冗长拖沓。因此在导入时一定要合理取材,控制好时间,力求做到恰到好处,适可而止。

(2) 调动课堂气氛

导入是一堂课的开场白,是将学生由非学习状态转入本堂课学习的准备阶段。它往往有安定学生情绪,激发学生学习兴趣,把握学习目标,拉近与学生的情感距离的作用。要较好地实现这样的作用,导入的设计很重要,同时,教师在课堂上如何实施导入设计也很重要。教师在开始导入的时候要注意观察学生的状态。有时上课伊始,学生的学习心理准备不充分,师生之间会有一定的心理距离;有时受气候或其他原因的影响,学生的精神状态或情绪不佳。这时,教师就要应用一些技巧,从感情上靠近学生、体谅学生,使学生尽快进入学习状态。另外,教师的精神状态也会直接影响到学生的学习情绪。如果教师自身缺乏课堂教学的激情和热情,学生就会被影响,也会失去参与课堂的热情。教师在导入的时候,要根据导入的内容和学生的情况应用恰当的语音、语调、语气和措辞,以饱满的热情引导学生进入学习状态,最大限度地调动学生探求知识的主动性。

3. 导入技能的应用策略

(1) 引入新方法,集中注意力

在课堂教学中,学生的注意力是保证听好课的首要条件,所以教学中教师应在学生集合后情绪尚未稳定、注意力尚未集中之前,运用适当的手段或方法使学生的注意力尽快集中到对体育知识、技能的学习上来,把学生的全部注意力吸引到所要讲述的问题上,为基本内容的学习做好准备。

(2) 利用小游戏,激发学生兴趣

学习兴趣是一个人力求认识世界,渴望获得科学文化知识的积极的意向活动,学生只有对所学的知识产生兴趣,才会产生学习的积极性和坚定性。

（3）循序渐进，衔接新旧技术

导入的意义在于能承前启后，使学生有准备、有目的地进入新技术的学习，所以好的课堂导入应该起到复习已学的基本技术，引入新技术的辅助练习，在新旧技术之间架起桥梁的作用，从而为学生学习新技术铺平道路，明确目标，打下基础。

（4）巧设情境，愉悦情绪

教师设置与所学内容相关、有趣的情境，可以使学生愉快地进入学习，为新课的展开创设良好的条件。

（二）讲解技能

1.讲解的基本要求

（1）讲解要有目的性

讲解的目的要明确具体。教师要根据一节课的教学目的，明确每一段讲解内容的目的。"在知识上让学生学会什么，学到什么程度，在技能上让学生学会什么"，这是教师在讲课时要考虑的首要问题。教师一定要明确：讲解是启发学生思维，而不是代替学生思维。

（2）讲解结构要明确

要在认真确定教学目标、分析教学的重点和难点、明确新旧知识相互联系的基础上，理顺知识结构的顺序、学生思维发展的顺序，提出系列化的关键问题，从而形成清晰的讲解框架。使讲解条理清楚，引起学生思考。

（3）讲解要突出引导性

在讲解过程中，要注意引导学生去思考、分析和概括，培养学生独立的、不轻易相信他人的意识。对任何事物或问题要有自己的判断和独立的认识，注重教给学生学习方法，使学生会学、善学、乐学。

（4）讲解要注意反馈调控

在讲解中，教师要重视反馈，通过观察学生的表情、行为和操作，留意学生的非正式发言或无意的技能行为，及时收集讲解效果反馈信息，及时调整、控制教学，并注意及时将理论联系实际，以达到教学目标。

（5）讲解要有实例

实例是进行学习迁移的重要手段，它包括学生熟悉的生活实例和运用已学过的体育知识实例。实例能帮助学生将熟悉的经验与新的知识与技能、原理和概念联系起来。教师要调整好举例的数量与质量（所举例子与概念之间的联系），要做透彻分析。

（6）讲解要有针对性和可接受性

课堂讲解要有针对性和可接受性，即教师要根据学生的知识水平和心理特点，采用学生能够接受的语言进行讲解。讲解的针对性与可接受性相辅相成、密不可分，只有考虑到学生的实际情况，教师的课堂讲解才是学生能够接受的。学生能够接受的课堂讲解，必定也是针对学生的知识水平、能力发展、心理状态等更具体的实际情况而进行的讲解。因此，教师在讲解时应因人、因时、因地、因事而定，绝不能千篇一律，重复同一个调子。

（7）讲解要与其他教学技能配合使用

实践经验证明，教师在讲解时只有和其他教学技能密切配合，才能提高讲解的效率。例如，在讲解时教师借助提问加强反馈；教师边讲解边演示；边讲解边示范都是常用的方式。一方面可以借此提高学生的学习兴趣；另一方面使学生多种感官同时参与学习，提高学习效率。教师在讲解时可以通过说话声调、速度的变化吸引学生注意，进行强调。肢体语言在教师讲解中的作用很大，教师的一个手势、一个微笑都可以起到意想不到的作用。教师在讲解时还应该对学生的学习行为给予鼓励和肯定，以激发学生的热情。总之，教师在讲解时要采取多种措施，使学生"愿意学，学得会"。

（8）讲解语言要有趣味性与艺术性

讲解语言的趣味性要求教师上课时使用生动活泼、诙谐幽默的语言，结合教学内容进行生动的叙述、形象的描绘。但是教学语言的趣味性应该注意分寸、界限和场合。教学语言的生动有趣还应注意避免流于庸俗、低级，甚至污言秽语，污染教学环境。教学语言的趣味性应做到生动有度、活泼有节。

课堂讲解的艺术性首先表现在讲解语言的语音美，即讲解要口齿清楚，发音准确，吐字清晰；音质悦耳，嗓音甜润优美，富于变化；音速适度、音高合理、语速恰当；其次，课堂讲解的艺术性还表现在讲解内容的意境美。课堂讲解语言要做到语言准确、简明、通俗，构成鲜明的意境美。

2.运用讲解技能应注意的事项

①认真钻研教材,分析授课内容,确定讲解要点,避免模糊笼统地讲解。

②要考虑课前后之间、课与课之间、体育课与其他学科之间的联系,力争做到循序渐进、承前启后、相互渗透。

③选择符合授课内容的讲解类型,根据课的不同部分,所授教材的内容特点,变化讲解方式,集中、小组、个别讲解互相配合,体现讲解的多样性。

④讲解前必须明确讲解内容的范围、重点、难点,以及与学生已学知识的联系,使讲解更集中明了,并且建立在一种知识发展的逻辑必然之中。

⑤讲解时,要在学生掌握的全部知识储备中将与解决面临的问题有关的部分抽取出来,作为引导、启发讲解的知识起点,促使学生运用已有知识对问题进行思考。如果学生不能很好地解决问题,教师再详细地讲解。

⑥教师要寻找最恰当的讲解形式,以便使讲解过程更有效率。

⑦讲解要简洁精练,抓住要点,保证学生有足够的练习时间。

⑧讲解要使全体学生都能听见,避免使用学生听不懂的过于专业的术语和词汇。

⑨讲解要与其他教学技能相结合,提高讲解的直观性、生动性、形象性和趣味性。

3.讲解技能的应用原则

(1)精讲原则

精讲就是要做到内容精选、语言精练、方法精当、效果精彩。精讲必须做到简明扼要、提纲挈领、避免烦琐;力求达到举一反三的效果。精讲之精,体现了讲解的水平,也直接关系到教学的效率。精讲并非只是数量的要求,更是质量的要求。精讲就要求讲得精彩、讲得精当、讲得明白、讲得科学,要在单位时间里达到量少而质高的水平。

(2)启发性原则

教授新课程时,教师的讲解必须更具有启发性。教师在讲解过程中的主导作用,绝不体现在代替学生去寻找答案上,而应体现在引导学生自己去探索、比较、归纳、综合、解决问题上。讲解过程中,教师要以课程标准为指导,从教学实际出发。根据知识之间的逻辑顺序和学生的认知顺序,有计划地设置有内在联系、条理清晰、层次分明、环环相扣、层层深入的问题系统,使学生的思路在教师的启发、引导下徐徐展开、不断深入,这种科学的讲解方法，会使学生在复习旧知识的基础上加深对新知识的理解，这对发展学生的思维能力无疑是非常有益的。

（3）直观性原则

直观性原则要求教师在教学过程中为学生提供有关的事实、实物和形象，为学生学习新知识、形成新概念奠定感性认识的基础。直观教学能把抽象的事物具体化，容易吸引学生注意，激发学习兴趣。促进对知识的理解和记忆。

（4）针对性原则

由于遗传、环境和教育等诸多因素的影响，每个学生的个性互不相同，知识、能力、情感、意志和性格等都有不同的特点。教师要通过调查研究，既掌握全班学生的共同特点，如学生的知识水平、接受能力和学习风气等，又知道每个学生的具体特点，如兴趣爱好、特长和优缺点等。这样教师才能针对不同学生的情况，从实际出发，因材施教，在统一授课的基础上，采取不同的讲解方式，传授体育健康知识和运动技能，教育不同的学生，使每个学生都能得到进步。

（5）系统性原则

系统化的知识便于理解、记忆和应用。在讲解到一定阶段时，教师要致力于知识系统化，把零散的知识归纳总结，使其连贯起来，串珠成链、结绳成网，形成系统化的完整知识，这可以在一节课结束时或一个单元结束时进行。但是必须注意，在知识系统化的时候，既要照顾教学内容的全面性，又要主次分明、突出重点。

（6）适时反馈和调控原则

由于讲解主要是教师讲、学生听，教师在讲解过程中要注意学生的反应，要使讲解的发展过程与学生的思维、理解过程同步，要有针对性和交互性。把握好体育课堂教学信息的反馈，及时控制和调整讲解的方法和进程，以达到讲解的良好效果。

（7）艺术性原则

教师讲解的艺术性可以从语音、语句和无声语言等方面来考虑。教师的讲解应能做到声音悦耳动听、语调抑扬顿挫、语句幽默风趣、表情丰富生动、举止优雅大方、讲解循循善诱，使听课的学生如沐春风、如饮甘霖，不仅学到了知识、提高了能力，而且增加了修养、陶冶了情操。

（三）示范技能

1.运用示范技能的基本要求

（1）示范要有明确目的

示范是直观教学中的一种主要形式。教师在做每一个示范动作之前，要有明确的目的。为什么示范，什么时候示范，先示范什么，后示范什么，怎样示范，都要做到心中有数。在具体示范中要让学生观察什么，重点看什么，都要向学生讲清楚。例如，教授新的内容时，为了使学生建立完整的动作概念，一般可先做一次完整的示范，让学生先观察，了解整个动作的形象、结构和过程，然后结合教学要求，把动作分解，用慢速或常速做重点示范。这样，完整的示范就为重点示范做了必要的铺垫，并使重点示范的动作更加鲜明、突出，以帮助学生较快地理解教师讲授的内容，达到预定的教学目的。

在教学的不同阶段，教师所采用的示范应有不同。教师无论采用哪种示范的方法，其目的一定要明确。以建立完整的动作概念为目的时，需要运用完整示范；以掌握技术动作的某一环节为目的时，可采用分解示范；以纠正错误动作为目的时，可采用正误对比示范。

（2）示范要正确、美观

正确指示范要严格按动作技术的规格要求完成，以保证学生建立正确的动作表象；美观是指示范动作的生动和优美，以保证示范可以引起学生的学习兴趣。体育教学中，教师的示范动作应力求做到正确、熟练、轻快、美观，这样不仅可以使学生建立清晰的动作表象，还可以激发学生的学习热情，提高学生的学习兴趣。

（3）示范时机要恰当

体育教师示范的时机关系到示范的效果和教学的连贯性。教师示范的时机是由学生的身体素质和学生对技术动作学习掌握情况所决定的。

①新授内容时的动作示范

教师应通过正确的动作示范给学生建立一个正确的动作表象，让学生知道将学习的内容和了解一个初步的动作过程，同时可以激发学生的学习欲望。

②重难点突破时的示范讲解

每节课都有重点和难点，如何突出重点、化解难点是课堂教学成败的关键，正确的动作示范和准确的讲解可以有效地帮助学生突破学习中的重点和难点，提高学生练习的目的性和实效性。

③出现学习困难时的示范讲解

出现学习困难时，即大部分学生的学习出现明显的困难或出现共性问题时。教授新的内容时，学生往往会因为初学习而出现学习困难，对动作的掌握出现明显的困难，这时就需要教师或学生重复地示范和教师（师生）的点评。

学生有了基本掌握后，会出现难以提升或无法更优化动作的阶段，这个现象称为"瓶颈"现象。一旦学生出现瓶颈，就需要教师（或学生）的重复动作示范和更细致、有针对性地讲解（师生点评），使学生明白自身的"瓶颈"所在点和提升、优化的手段，以有效突破"瓶颈"现象。

一般来说，示范的时机是有规律可循的，但也因教师及其经验的差异而有所不同，并非固定的、机械的，只有符合教学目的、教学对象且具有良好的教学效果，才是适宜的示范时机。无目的、多余地重复示范，就会分散学生的注意力，降低教学效果。

④示范的位置和方向要便于学生观察

示范的目的是给学生作范例，所以要让全体学生都看得到、看得清。因此，教师的示范不仅要规范，还要特别注重示范的位置和方向。

⑤示范与讲解要有机结合

示范与讲解是体育教学中不可分割的一个整体，只有示范没有讲解，学生只能看到一个具体的动作形象；只有讲解没有示范，学生也只能获得一个抽象的概念。因此，只有将示范与讲解有机地结合起来，才能更好地发挥其作用。示范与讲解的配合方式有先示范后讲解、先讲解后示范、边讲解边示范、边讲解边示范边练习等。在体育教学中选用哪种示范讲解配合方式，应根据教学的具体情况，所教授动作的难易程度，以及学生的年龄、心理特点等而定。实践证明，在教学过程中，只有把讲解与示范结合起来运用，才能让学生对技术动作建立完整、正确的概念，形成正确的表象，从而提高练习效率。教师可根据具体情况重复示范，并指出动作的重点和难点；或先讲解后示范、也可边讲解边示范。总之，在体育课堂上，讲解和示范必须密切配合，互相依存，互相补充。因此，教师在教学中，要始终贯彻"精讲多练"原则，使学生直观感觉与思维活动有机结合起来，产生良好效果，提高体育教学质量。

⑥示范的形式要多样化

示范要根据学生的实际情况，作重点完整示范、分解示范、正常速度和放慢速度的示范。如教授新的内容时，教师应先用正常速度示范一次完整的技术动作，使学生初步了解教材的完整技术结构后再根据该次课内容用慢速度分解示范，使学生了解动作的要领、要求等，建立一个完整的动作表象。例如，学生在初学武术少年拳第一套的教学时，教师应先用正常速度把整套动作示范一次给学生看，使学生初步了解少年拳第一套的技术动作结构，再根据该课的任务，进行分解示范教学。另外，也可用直观教具进行示范，如录像、图解等，以弥补示范不足，增加讲解的实效性。在练习的过程中，教师应针对学生存在的具体问题，让技术动作掌握得较好的学生进行示范练习，然后教师加以分析，必要时教师可模仿学生的错误动作加以对比，如此，正确的技术动作会在学生的脑海中产生更深刻的印象，从而提高教学效率。

2.运用示范技能的原则

（1）服务性原则

动作示范是为顺利实施教学，指导学生学习运动技能的一种教学手段，因此，运用时必须自始至终围绕着具体的教学任务、内容及要求，根据教学活动的进展情况，结合教学实践，按整体、个体的需要进行。

（2）可行性原则

动作示范的运用，必须根据教学任务的要求、内容和进度充分照顾到学生的自身条件，即学生现有的知识、技能及各自的认知能力等因素。同时也要考虑到教学环境和教学条件，所实施的示范动作必须要能引起学生注意并形成正确的学习心理定向，在可行的基础上进行。

（3）指向性原则

动作示范的目的是让学生在学习过程中获得一个立体、直观、清晰的运动表象，建立正确的条件反射，进而建立正确的动作技术概念，消除心理障碍。因此，教师的动作示范必须根据学生的心理需要并结合实际，明确指向教学内容和需要解决的动作技术问题。

（4）针对性原则

动作示范的内容、形式、方法不同，所起的作用不同，得到的教学效果也不同。运用要根据学生实际和教学需要，有目的、有针对性地进行。

（5）实效性原则

动作示范要讲求实效性，教师要在示范动作规范、突出重点、确保质量的前提下，结合实际，选择好时机，使自己处于最佳的示范位置，控制好速度与节奏，确保全部学生都能进行有效观察。

三、高校体育微格教学的组织实施

微格教学是一项细致的工作，要有效地提高教师的教学技能，关键是抓好微格教学全过程所包含的理论学习、示范观摩、编写教案、角色扮演、反馈评价和修改教案等环节。这些环节环环相扣、联系密切，削弱其中任何一个环节，都会影响培训的效果。教师应针对学生的实际情况，落实每一个实施步骤。

（一）理论学习和辅导

在微格教学实践和发展的过程中，融入了许多新的教育观念、教育思想和方法。微格教学是一种全新的实践活动，也有其深刻的理论基础，因此，学习和研究新的教学理论是十分必要的。理论辅导的内容包括：微格教学的概念、微格教学的目的和作用、学科教学论、各项教学技能理论。理论研究和辅导阶段要确定好教学的组织形式。通常在学习教学理论时，教师以班级为单位做启发报告，讨论和实践则以小组为单位。小组成员以6人左右为宜，最好是同一层次的教师或学生。指导教师要启发小组成员尽快相互了解，对所研讨的问题有共同语言，成为伙伴。

（二）教学技能分析

微格教学的研究方法就是将复杂的教学过程细分为单一的技能，再逐项培训。教师可以根据培训对象的不同层次和需要，有针对性地选定几项技能。一般说来，对于师范生和刚踏上讲台不久的青年教师来说，经过微格教学实践可以及早掌握教态、语言、板书等方面的基本技能；对于有一定教学经验的教师，可以通过微格教学实践，深入探讨较深层次的技能，有利于总结经验、互相交流、共同提高教学能力，以达到提高教师整体素质的目标。在技能分析和示范阶段，教师要做启发性报告，分析各项技能的定义、作用、实施类型、方法及运用要领、注意点等，同时给学生观看事先编制好的示范录像。

（三）组织示范观摩

1.观摩微格教学示范录像

（1）教学示范录像片段的选择

在选择示范录像时，教师要遵循两条原则：一是水平要高，二是针对性要强。示范的水平越高，学生的起点就越高；针对性越强，该技能的展现就越具体、越典型。

（2）提出观摩教学示范录像片段的要求

在观看示范录像片段前，教师要先提出具体要求，明确目标，突出重点，边观看边提示。提示时要画龙点睛、简明扼要，不可频繁，以免影响学生观看和思考。

2.组织学习、讨论、模仿

（1）独立学习

学生谈学习体会，各自谈观后感，讨论哪些方面值得学习；对照录像，检查自己的动作与标准动作存在哪些差距。

（2）集体讨论

学生重点交换各自的意见，在要学习的方面达成共识。指导教师也要参加讨论，重点指导。

（3）要点模仿

示范的目的是使学生进行模仿。实际上，学生在观看录像时就已渗透着模仿的意义。这里讲的模仿，主要是在指导教师的指导下进行重点模仿。此外，指导教师的亲自示范或提供反面示范，对学生理解教学技能也会起到十分重要的作用。

（四）角色扮演

1.角色扮演的意义

角色扮演是微格教学的中心环节，在活动中每个学生都要扮演一个角色，进行模拟。

这样做改变了传统的"教师讲、学生听"的教学模式，给学生以充分的实践机会。

2.角色扮演的要求

角色扮演的要求主要有两个方面：一方面，扮演"教师"者要真实，按照自己的备课计划，在有控制的条件下训练教学技能；另一方面，扮演"学生"者要充分表现学生的特点，自觉进入特定情境。另外，在角色扮演过程中，任何人不要打断"教学"，让"教师"去处理教学中的"麻烦"，技术人员在拍摄过程中，不能对"教师"提出约束条件。

培养教学技能，必须通过真实的练习与训练。微格教学中的角色扮演，给学生提供了上讲台的机会，使他们能把"备课"时的设想和对单项技能的理解，通过自己的实践表现出来，同时进行录像。学生由原来的被动听课者变为教学活动的组织者，充分发挥了学生的主体作用，体现了微格教学的优势。

在微格教学实习室内，有教师、学生和摄像人员。教师由学生轮流担任，学生也由学生扮演。每节微格教学课的时间控制在10分钟左右。为了使角色扮演的效果更佳，微格教学实践应该注意以下几点：

①在角色扮演前，指导教师要向学生说明有关角色扮演的规定。

②除了执教者和学生以外，减少模拟课堂上其他无关人员的数量，这样当执教者面对摄像头时能减少紧张情绪。

③扮演"教师"者要把自己当成一个"纯粹"的教师，要把自己置身于课堂教学的真情实境之中，一切教学活动按照备课计划有控制地进行。

④扮演"学生"者要充分表现学生的特点，自觉进入特定情境。有时也可以让学生扮演一位常答错题的学生，以培养执教者的应变能力。"学生"最好是执教者平时的好朋友，这样初登讲台的执教者能获得一种安全感。

（五）反馈评议

反馈评议阶段，首先由执教者将自己的设计目标、主要教学技能和方法、教学过程等向小组成员进行介绍，然后播放微格录像，全组成员和教师共同观摩。观看录像后进行评议，可以由执教者本人先分析自己观看后的体会，检查事先设计的目标是否达到，及自我感觉如何；再由全组成员根据每一项具体的课堂教学技能要求进行评议。评议过程由以下三个环节构成：

1. 学员自评

①照镜子、找差距。由"教师"扮演者分析技能应用的方式和效果，看是否达到预期目标。

②列出优、缺点。肯定成绩，找出不足之处。如果"教师"扮演者自己认为很糟、非常不满意，可以申请重新进行角色扮演和录像。指导教师可根据条件和时间，决定是否重录，尽量做到不挫伤学生的积极性。

2. 组织讨论、集体评议

评议时应以技能理论做指导，分析优、缺点，进行定性评价。根据量化评价表给出成绩，进行量化评价。提出建设性意见，指出如何做可能会更好。指导教师要注意引导，营造一种学术讨论的氛围。

3. 指导教师评议

学生对指导教师的评价是十分重视的，指导教师的意见举足轻重。因此，指导教师的评价应尽量客观、全面、准确。对于扮演者的成绩和优点要讲足，缺点和不足要讲准、讲主要的。要注意保护学生的自尊心和积极性，要以讨论者的身份出现，讨论"应该怎样做和怎样做更好"，这样效果会更好些。

（六）修改教案，反复训练

1. 学生修改教案

根据本人录像，参考技能示范录像和技能理论，对照评议结果，针对不足之处，由学生自己修改教案。

2. 进行重教

根据评议情况，学生进行第二次实践，重复上述过程。

3. 再循环或总结

是否再循环，可以根据学生的具体情况及课时安排而定。当然，在课堂教学过程中，各项技能是交织在一起的，任何单项的教学技能都不会单独存在。如培训导入技能，重点研究导入的方式、新旧知识的联系、情境的创设等问题。但导入过程必然用到语言技能，还可能用到提问、板书、演示等技能，只是对这些技能暂不考虑，只重点考虑导入技能的应用情况。

因此，当各项教学技能都经过训练并达到一定水平以后，指导教师应安排学生进行各项技能的综合训练，也只有对教学技能进行综合训练，才可能最终形成教学能力。

第七章　创新高校体育教育模式："运动教育模式"

第一节　"运动教育模式"的基本理论

一、"运动教育模式"的概念与指导思想

（一）"运动教育模式"的概念

运动教育模式，是一种注重学生的运动技能、运动热情、运动文化素养培养的体育教育模式。具体来说，体育教育模式是这样一种教学模式：它将整个教学周期不同的教学单元扩展为不同的"运动季"，将学生进行实力相当的团队划分，通过体育教学竞赛活动组织，运用直接教授、同伴教学、合作学习、团队协作、角色扮演等形式为学生创造丰富的运动情境，以促进学生对体育知识、技能等的掌握。

（二）"运动教育模式"的指导思想

"以人为本"教学指导思想是"运动教育模式"的重要指导思想，"以人为本"教学理念与思想是新时期体育教学的重要教学指导思想，强调体育教学中的"以学生为主体，教师为主导"，充分体现出对作为体育教学对象的学生的重视。

传统教学围绕着具体的体育运动器物开展，如传统体育教学中的球类运动教学中，师生围绕"球"开展教学活动，进行有球练习、无球练习；舞蹈操类教学中，师生的教学活动围绕着操类动作、舞步展开。这种器物化的体育教学，忽视了人在体育运动中的重要作用，不注重人对体育的参与、认知、学习规律，缺乏科学性。

"以人为本"教育教学思想指导下的"运动教学模式"围绕运动中的"人"展开教学,教学的目的真正实现了"促进人的发展"。"运动教学模式"的教学实施过程中,各项体育教学活动的开展以教学对象——学生为主体开展。在"运动教育模式"中,体育教师的教学理念发生了重要的变化。

"运动教育模式"在教学过程中强调学生的教学主体地位,尊重不同学生之间的个体差异,以培养学生的体育学习兴趣为主,在教学活动中能做到因材施教,可有效激发学生的体育学习与参与动机,重视学生之间的合作和竞争。通过科学的教学活动,能尽量实现每个学生都能参与,体验运动快乐,坚持体育参与。

二、"运动教育模式"的特点

"运动教育模式"以"以人为本"为核心,淡化游戏,突出竞技,具有运动季、团队小组、教学比赛、最终比赛、积分评定等特点。

针对"运动教育模式"的各教学特点,具体分析如下:

(一)运动季

"运动教育模式"与其他传统体育教育模式最大的区别就在于其打破了传统体育教学的单元化教学,而是将整个体育教学看成一个完整的运动季,再将运动季划分为练习期、季前期、季中期、决赛期。在不同的运动赛期,有针对性地执行不同的教学活动计划,让学生在体育活动中掌握相应的运动知识和技能,并获得体育运动素养的整体提高与发展。

"运动季"各阶段的教学重点、教学任务有所不同。

1.赛前练习

在运动季的开始阶段,教师对学生的体育运动知识、技能进行直接的教学指导,教学安排主要包括两个方面的内容:①教师讲解体育理论基础(包括竞赛规则与裁判知识)。②教师对具体运动技能进行教学示范,并组织学生演练。

2.季前期

季前期主要教学任务是基础性教学竞赛准备，具体教学安排为：①教师对学生进行诊断评价、合理分组、明确角色分配定位。②学生学习运动技术，构建小组和谐关系。③师生共同制定赛程表。

3.季中期

季中期主要教学任务是对战术应用的介绍。该阶段的教学安排为：①组织学生进行小组配合练习，明确运动角色分工。②组织小组内比赛，促进学生更好地掌握体育技战术。

4.决赛期

决赛期的教学活动包括经验交流和比赛两部分，以教学比赛为主，但不仅仅重视比赛结果，还重视不同学习小组的经验交流。

①经验交流：各小组之间开展友谊比赛，促进小组运动经验交流。

②比赛：整个教学的最终活动，依据制定的比赛规程进行最终比赛，教师与学生共同参与组织，并伴随录像以供回顾与评价。

（二）团队小组

"运动教育模式"一个突出的特点就是团队合作，在教学过程中，体育教师按照一定的要素（学生的自主选择、运动能力、性别、知识水平、运动经验等）将学生划分为若干团队和小组。

团队分组后，每一个团队和小组的成员共同从事学习活动，如共同拟订比赛策略、练习技术、体验成功与失败，小组成员一起创造小组文化、捍卫小组荣誉。

在每一个团队和小组内部，不同的学生扮演一定的运动角色，并承担一定的责任。

1.角色扮演

"运动教育模式"中，每名学生不仅要在运动技战术的学习与实施过程中承担一定的角色，同时还要在整个小组活动过程中承担一些角色，如指挥员、记录员、裁判员、管理员等，丰富的角色体验有助于学生的社会性发展。

2. 责任分担

"运动教育模式"中的小组角色分工不同，学生承担的责任不同，小组需要在教学结束时与其他小组竞赛，因此，不同的小组成员需要重视自己的小组角色所承担的责任。为了小组利益，重视体育学习、交流，不仅有助于增加小组成员之间的情感，还有助于提高小组成员的责任感与集体荣誉感。

（三）教学比赛

"运动教育模式"的实施是以比赛为主线的，同时，比赛也是"运动教育模式"的一个主要教学情境。在"运动教育模式"的实施过程中，每个运动季都要有正式比赛，不同的正式比赛之间，会穿插着小组练习，便于进行小组体育学习效果检验，有助于进一步促进小组成员的体育学习积极性与主动性。

（四）最终比赛

"运动教育模式"要求以最终比赛来结束整个运动季，赋予整个运动季丰富的含义。最终的比赛要为全体学生参与体育活动提供一个良好的机会。

需要特别指出的是，在"运动教育模式"的最终比赛中，教师应注意良好的竞赛氛围的创设，强调学生在欢乐的气氛中参与体育竞赛，并能坦然面对和接受比赛的胜利与失败，强调运动快乐体验要超过竞赛失利体验。

（五）积分评定

1. 记录成绩

在运动季的整个比赛阶段中，采取多样化的记录形式记录学生在运动竞赛中的各种技术参数，这些记录将为学生个人或团队提供充足的信息反馈，发挥激励与鞭策作用，为学生日后的体育学习提供有效参考。

2. 活动庆祝

通过赛后庆祝活动，构建良好的体育教学氛围、比赛氛围、体育学习氛围，并鼓励学生日后的体育学习。

在活动庆祝中，突出与强化运动比赛的习俗性与程序性，给予优秀团队与突出个人进行鼓励与表彰，并举办颁奖仪式，以此进一步激发师生参与运动的热情，提高师生的体育竞赛文化素养。

第二节 "运动教育模式"的学科理论基础

一、团队学习理论

"运动教育模式"重视对团队和小组的划分，团队学习理论是该模式的重要学科理论。

团队学习理论最早在1994年被提出，当时的美国的一些些学者认为，固定的学习小团队能有效提高学生的学习成绩。同样是在1994年，教育学者对小团队学习进行了研究，并指出小团队教学能实现团队间成员的互帮互助，同时和谐、稳定的团队氛围有助于提高学生的合作学习能力，但是在团队教学中应重视团队的科学划分与团队间的任务分配，以免因团队结构不完善、任务不一致而产生内部分歧，影响教学的持续进行。

二、情境学习理论

情境学习理论认为，从本质上来说，学习是一种文化适应过程和活动实践形成的过程，在具体的活动过程中，活动内容和氛围能为学习者提供一个良好的学习情境，"合法的边缘性参与"是情境学习理论的中心概念。在特定的情境中，学习者能更加真实地体验到自身角色，并加深对知识与技能的理解与掌握。

在"运动教育模式"中，教学活动以体育运动竞赛的形式开展，让学生置身于真实而丰富的运动情境中，学生在真实的运动竞赛环境中体验角色，体会运动知识与技能的实施条件、实施效果，有助于加深学生对体育运动知识和技能的理解。

三、社会学习理论

社会学习理论认为,人类的学习是与环境和其他人相互影响的。一方面,个体是通过模仿他人、倾听他人、与他人交流来获得知识的;另一方面,个体在学习过程中会受到其他人的影响,包括同样作为学习者的同伴、对手,以及作为施教者的教师。

在"运动教育模式"中,团队学习就是一种具有社会性体验的学习,每一个小团体都是一个社会的浓缩,在团队中,不同的学习者扮演不同的角色,角色任务的完成过程中,会对其他团队成员的学习产生一定的影响,同时又受到其他团队成员的影响,这种影响是相互的。"运动教育模式"中的良好的学习团队,是具有和谐与民主环境的团体,团体成员合理分工,顺利完成自己的职责和学习任务,并帮助同伴完成学习任务,进而提高整个团队的学习效率和学习效果。

四、构建主义学习理论

建构主义认为,人在已有认知结构的基础上,通过学习引起自身认知结构的改变,人不断吸纳新外界信息,认知结构不断丰富和完善。建构主义学习理论具有进步意义,并形成了对"运动教育模式"的有力支持。

首先,建构主义学习理论将教育教学的关注点放在学生身上,通过前后学习的关联性来实施下一步教学,强调学生在学习过程中的"自主、探究、合作"。"运动教育模式"强调团队和小组划分,重视学生的团队协作,有利于提高学生的合作学习能力。

其次,建构主义学习理论强调教师在教学活动中从学生学习的角度看问题,以学生为中心,教学活动围绕学生的学习展开,强调对学生学习积极性的调动。"运动教育模式"的实施过程中,充分体现了"以人为本",整个体育教学(竞赛)活动都是围绕着学生来开展的,包括团队分组、角色扮演、责任分配、竞赛规则制定、成绩评定的教学鼓励等。

最后,建构主义强调对问题的构建。在这种思想核心意识的指导下,体育教学强调对学生的自我学习能力的提高,通过体育教学,应提高学生发现问题、探索问题、思考问题的能力，促进学生积极主动学习。"运动教育模式"通过学生在真实的运动情境之中扮演不同角色，体验不同感受，解决不同的问题，促进学生之间的交流与影响，最终实现学生的共同进步。

第三节 "运动教育模式"与高校体育教学

一、高校体育教学引入"运动教育模式"的必要性

（一）高校体育教学程序化操作的发展需要

体育教学是一个非常复杂的教学系统，整个体育教学过程是开放性的，受各种内在因素和外在因素的影响，体育教学活动的科学有序开展离不开科学化教学操作程序的安排，"运动教育模式"为高校体育教学程序化操作提供了一种合理选择。

"运动教育模式"的实施将整个教学过程看作一个运动季，教学活动的开展更加关注实实在在的体育运动活动的组织与参与，真正能将体育运动知识和技能应用到体育实践中去，在体育运动中一边实践一边学习，有助于加深学生对体育知识与技能的掌握。同时，"运动教育模式"所提倡的团队学习和竞赛活动教学形式的开展都深深植入学生的团队学习活动中。学生在竞赛活动中是活动的参与者，部分学生还会参与活动管理，其他学生则有机会在活动参与中观摩体育活动管理，这对于学生建立活动规则意识和管理意识具有重要的作用，而这也有助于教师顺利开展各种教学活动。

（二）高校体育教学多元目标实现的要求

体育教育目标包括促进学生身体健康发展、心理健康发展、社会健康发展等多个内容，"运动教学模式"所创造的特殊教学情境，对于高校体育教学多元化教学目标的事项具有重要推动作用。

"运动教育模式"中各体育教学目标的实现途径具体分析如下：

首先，"运动教育模式"以体育运动竞赛为主要教学活动，教学基础是运动技能的学习与掌握，学生参与运动竞赛就必须要具有一定的体能、技能基础，这对学生自身的运动能力锻炼、培养学生的体育学习和参与积极性具有重要的促进作用，可实现学生体能素质的发展。

其次，"运动教育模式"的特殊教学方式有助于促进学生的心理健康发展。一方面，"运动教育模式"通过团队和小组形式开展体育教学，在体育教学活动过程中，学生的团体活动可以促进学生在与人交往中的社会心理的建设和成熟；另一方面，"运动教育模式"中有许多体育运动竞赛组织，竞赛活动中学生的体育运动感受和情感体验非常丰富，不同竞赛情况下学生会产生不同的心理，较多的竞赛活动参与有利于学生养成正确的体育价值观，能正确对待竞赛活动中的合作和冲突，正确看待成功与失败，学会在不同情况下提高自我的心理调控能力，有助于学生形成健全的心理和性格。

最后，"运动教育模式"在实施教学过程中要求每一个学生在团体学习活动中或竞赛活动中扮演不同的角色、承担不同的职责，这有助于学生社会适应能力的提高。丰富多样的社会角色能给予学生不同的社会角色体验，让学生学会尊重自己、尊重他人，学会与人合作、竞争，懂得社会交际中的不卑不亢、不妄自菲薄，并能不断提高适应不同角色的能力，促进个人社会适应能力的发展。

（三）高校体育教学落实素质教育的需要

高校体育教学的素质教育思想的贯彻，与高校体育教育多元化体育教学目标的实现是相辅相成的。

实现高校体育的素质教育集中表现在以下几点：

1.帮助学生建立系统化的体育知识体系

传统体育教学重视体育竞技人才的培养，体育教学课几乎完全被体育技能训练课、体能训练课所代替。体育教学过度追求"金牌数量"，忽视体育专业理论知识的讲授，学生的体育学习缺乏必要的理论指导，不利于学生科学地掌握体育技能。

"运动教育模式"的竞赛组织与参与使学生会接触到体育运动中的各种问题，这就需要学生掌握尽可能多的与体育运动相关的各种知识，包括运动学知识、运动心理学知识、运动营养学知识、运动医学知识，以及运动健康、保健、康复等方面的知识，有助于帮助学生建立一个完整的体育知识体系，有利于学生从体育实践活动中得到更加科学的理论知识，进而实现良好的体育运动效果。

2.全面提高学生的体育文化素养

现代高校体育教育强调教育的"以人为本""健康第一""终身体育"等思想，这些先进的教学思想和理念为体育运动教学实践的开展提供了思想启发。

新时期的高校体育教育强调体育教学活动围绕"学生"这一"人"的中心开展。整个体育教学活动中，"运动教育模式"给予学生直观而真实的运动情境，并在竞赛后注重对学生的鼓励，营造出具有人文化教育意义的庆祝活动，整个教学活动中都融入了体育文化、体育精神、体育道德、运动礼仪，是一种高度的人文化教育教学，能在提高学生的体育运动能力的基础上培养和提高学生的体育文化素养。

3.培养适应现代社会发展要求的人才

实施"运动教育模式"教学时，从运动季的开始到最终竞赛结束，学生都是以团队的方式参与体育学习和比赛的，每一个团队都是一个社会缩影，团队中人与人之间的关系就是社会中人与人的关系的体现。在体育教学的整个周期中，实际上也就是学生对社会角色的一个正迁移，培养学生的社会角色认知，如此锻炼了学生的交流、沟通、组织、协调管理等各种能力，有利于促进学生的社会适应性发展，使学生更能适应社会对人才的发展要求。

二、高校体育教学引入"运动教育模式"的可行性

（一）"运动教育模式"的理论支持

一直以来，我国都非常重视体育教育事业的发展，但受各种因素的影响，我国的体育教学与发达国家相比依旧存在差距，在教学理论和教学实践发展方面都比较落后，也正因如此，我国一直都很重视体育教学的改革。

近年来，随着我国体育教学的不断发展与进步，传统体育教育观念和指导思想下的

体育教学指导的弊端日益凸显，体育教学改革的呼声越来越高，我国学者开始重视对体育教学的研究，并积极学习、借鉴国外的体育教学研究。

现阶段，高校体育的教学改革十分活跃，国内外学者就体育教学改革不断提出一些新观念和新思想。在体育教学模式方面，高校体育教学新模式层出不穷，教育部进一步明确了我国体育教学应促进学生"运动参与、运动技能、身体健康、心理健康以及社会适应"发展的体育教学目标，教学观念发生了根本性的改变，"以人为本""健康第一""终身体育"成为新时期高校体育教学改革新理念。新一轮高校体育教学模式的改革较以前的改革更为彻底，要求构建新的体育教学模式来适应新形势下体育教学观念和指导思想的要求，以"人人参与""健康第一"为教学理念及原则正是"运动教育模式"所倡导的，与新时期的体育教学理论是相符的。

（二）师生对"运动教育模式"的认可

随着高校体育教学改革的不断深入，"以人为本""健康第一""终身体育"在高校体育教学中不断渗透，影响着高校师生对体育教学新思想的认知，影响着师生对体育教学的态度和参与热情。"运动教育模式"首先在思想观念受到了高校师生的认可。

"运动教育模式"在体育教学活动开展过程中，强调针对不同水平的学生设置与之相适应的教学内容及活动比赛，使学生积极参与到体育教学活动中来，通过不同的角色扮演来完成角色所赋予的责任与义务，让学生能体验运动的快乐，并获得运动知识与技能的提高、获得身体和心理及社会性的发展。这种教学模式的教学优点也被教学实践充分证明，并受到高校师生的喜欢。

（三）高校基本具备"运动教育模式"开展的教学条件

当前我国高校体育教学的客观条件和之前相比得到了很大的改善，很多学校都具备开展体育教学竞赛的场地、器材、设备与工具的条件，因此，"运动教育模式"在高校体育教学中的实施具备了可操作性。

此外，高校校园体育文化的建设也促进了高校良好的体育竞赛氛围、体育文化氛围的形成，师生在课上、课外参与体育运动竞赛的热情高涨，也为新时期"运动教育模式"的教学实施奠定了良好的条件基础。

第四节 "运动教育模式"的 SWOT 分析

一、SWOT 分析法概述

（一）SWOT 分析法的概念

SWOT 分析法，是 Strengths Weaknesses Opportunities Threats 的简称，其中，S 是优势、W 是劣势、O 是机会、T 是威胁。

SWOT 分析法就是对研究对象进行内外部竞争环境与条件的优势与劣势分析，通过调查列举，将各调查结果进行矩阵形式排列，再综合各种因素进行匹配分析并得出分析结论的研究分析方法。

SWOT 分析法最早由哈佛教授 K.J.安德鲁斯于 1971 年提出，K.J.安德鲁斯在《公司战略概念》一书中对 SWOT 分析法进行了介绍与应用，指出了企业所面临的内外部环境，并在内外环境中的有利因素和不利因素，即生存机遇与挑战，对企业的长期可持续发展进行了 SWOT 分析。

（二）SWOT 分析法的内容

SWOT 分析法包括四个方面的内容，即优势分析、劣势分析、机会分析和威胁分析，对于个体（事物）的分析研究来说，SWOT 分析有助于全面了解个体（事物）所处的整体环境。SWOT 分析法各部分的分析内容与分析程序具体参考表 7-1。

表 7-1 SWOT 内容分析

SWOT 分析法	分析内容	分析程序
S（strengths）优势分析	1.竞争力和优秀品质。 2.优越的教育背景。 3.良好的形象、心理素质、技能、社会关系等。	1.分析人生经历和体验。如体育实践经验、奖励，确定未来的工作方向和机会。 2.分析已有知识和专长。 3.分析自己的成功点，成功的事件和成功的原因。
W（weaknesses）劣势分析	1.陈旧和错误的价值观念。 2.缺少的竞争能力、管理能力。 3.心理障碍、社会关系不足、专业技能缺失等。	1.分析经验或经历中所欠缺的方面。 2.分析自己的性格弱点。 3.分析自己的社会性发展弱点。
O（opportunities）机会分析	1.新职业、新行业、新需求等。 2.外部壁垒解除。 3.竞争对手失误等。	1.分析外部环境，哪些因素对自己有利。 2.分析人际关系，哪些关系对自我发展有帮助，作用持续时间，如何维系等。
T（threats）威胁分析	1.同校、同专业的大学生带来的竞争。 2.可替代性、政策变化；市场需求降低；经济衰退等。 3.突发事件。	1.分析所处环境。 2.分析进入团体的内部危机。

（三）SWOT 分析模式

利用 SWOT 分析法对研究对象进行分析，可以从内外部环境分析、优劣势条件分析两个方面形成研究对象分析的二维分析维度，并形成四个象限。这种分析有助于研究对象更清楚地了解自己所处的环境，并有针对性地提高自我竞争力，寻求在竞争中的突破。

通过 SWOT 分析，将调查得出的各种因素根据影响程度进行排序，构造 SWOT 矩阵，通过对各种因素和条件的分析，在综合收集研究对象发展的各种资料后，可以有针对性地制订接下来的行动计划，以发挥优势因素，克服弱点因素，利用机会因素，化解威胁因素，进而找到发展方向和策略。

二、"运动教育模式"体育教学应用 SWOT 分析

（一）"运动教育模式"的内部优势

1.理论体系的完整性

"运动教育模式"的构建有科学的体育教学理论作指导，并在经过国外体育教学不断实践，已经具备了丰富且完整的理论体系，具有科学的理论做支持。

2.教学目标的多元化

"运动教育模式"的教学实施有助于实现现代体育教学的多元化教学目标，有助于培养学生的多方面素质与能力，可以促进学生身心健康的全面发展，能为社会培养合格的建设者，备受体育学者和教育者的肯定。

3.教学过程的互动性

在"运动教育模式"的教学实施过程中，丰富的团体活动和运动竞赛活动为教师与学生互动、学生与学生互动提供了一个良好的平台与机会，可营造出合作交流与互动学习的良好教学氛围。

4.角色扮演的体验性

"运动教育模式"注重给学生提供真实而丰富的运动体验，无论是团队学习还是运动竞赛，都为学生体验不同的角色提供了机会，通过扮演不同的角色，可促进学生更为全面地成长与发展。

5.课内外活动的连接性

"运动教育模式"以运动季为教学周期，以运动比赛为主要的教学形式，为竞赛所做的练习计划，小组练习，赛后的奖励和鼓励都有助于激发学生体育参与的积极性与主动性，能调动自主性学习并主动利用课外时间进行练习，可实现体育课上教学与课外活动的有机结合。

6.技能掌握的全面性

"运动教育模式"的一个重要的教学特点是大单元体育教学，充足的教学时间能为体育教师全面视角提供教学支持，同时，学生在竞赛活动中的多角色扮演可促进学生对体育运动技能的全面掌握与运动能力的全面提高。

（二）"运动教育模式"的内部劣势

1.健康与损伤教学内容不足

体育教学强调学生的体育知识与理论体系的科学构建，传统体育教学中重视体育技能教学，忽视体育理论教学。"运动教育模式"的教学实施中，受传统体育教学影响、受对竞赛活动本身关注过多影响，可能继续导致体育教学中体育理论知识，包括体育健康、保健、运动伤病等知识的教学不足。

体育是涉及人文学科和自然学科的一门综合性课程，学生体育运动技能的掌握与科学实施，离不开体育运动基本理论知识和体育相关学科知识的指导，如果学生不能理解和掌握相关知识，则不能科学掌握体育运动技能，提高运动素质。

2.专项技能的一般性

"运动教育模式"的教学实施过程中，团队分组、学生不同角色安排、竞赛组织和比赛策略等的制订会占用相当一部分教学时间，可能导致学生对体育专项运动技能的巩固与提升的不足。

3.适用项目的局限性

"运动教育模式"倡导学生自主学习、合作学习，因此，可能不适合一些危险系数相对比较大的运动项目（如射击、击剑、极限运动等），相对独立且闭塞的个人项目（如武术套路、太极运动、瑜伽等），对场地设施要求比较苛刻的运动项目等的教学。

（三）"运动教育模式"的外部机遇

1.教学改革推动

现阶段，我国高校体育教学一直在不断深化改革，各种改革建议与策略被相继提出，"运动教育模式"是新时期体育教学改革中的教学模式改革尝试，迎合了当前高校体育教学的改革契机，因此容易被接受。

2.外部环境改善

随着高校体育教学改革的深入，我国在高校体育教学中投入了大量的教学资源，高校体育教师的整体素质不断提高，高校体育教学物质条件有了很大的改善，体育教学活动开展有了更多的经费支持，为"运动教育模式"的开展提供了良好的校园环境。

（四）"运动教育模式"的外在威胁

1.国内接触晚且研究单一

"运动教育模式"诞生于 20 世纪 80 年代初。"运动教育模式"在国外已经应用了不短的时间。和国外体育教学理论和实践相比，我国 2004 年才开始关注"运动教育模式"。当前，我国"运动教育模式"的理论研究少、教学引入时间晚，缺乏经验。

2.传统观念根深蒂固

我国传统体育教学观念中不科学的认知对"运动教育模式"的教学实施可产生严重的阻碍作用，具体分析如下：

①传统体育教学重技能训练，轻理论知识学习，忽略人文教育，不注重学生的运动环境创设和运动体验。

②传统体育教学对体育教学的安排以运动项目为中心，忽视人（教师与学生）在体育运动中的作用。

③传统体育教学更多的是一种"灌输式"教学，不重视对学生的学习主动性和合作学习能力、探索能力的培养。

3.教学环境与条件不足

现阶段，在我国高校体育教学改革不断深入的大背景下，我国高校的体育教学情况有了很大的改善，但仍然有一些学校的体育教学资源不足，表现在师资力量、体育教学设施与器材、校园体育文化氛围等多个方面，严重影响了"运动教育模式"在体育教学中的开展，不利于体育教学效果与教学质量的改善。

第五节 "运动教育模式"的构建及应用注意事项

一、科学分组,团队建设

"运动教育模式"强调分组教学。在进行分组前,教师一定要对学生的情况进行全面、深入的分析,以保证分组的科学性,尽量做到各组学生的整体实力相当,小组内实现学生性别、体能基础、知识储备、活动组织与管理能力、交际能力等的优势互补。

具体来说,教师在学生的科学分组和团队建设方面应注意以下几点:

①根据异质分组原则,通过前期测试数据,按照性别比例、运动水平高低等因素合理搭配分组。

②教师选拔或学生自荐学生代表,教师与学生代表共同商讨如何进行分组,做到分组的民主性、学生自愿性。

③根据体育统计学原理,先进行随机分组,然后允许学生适当调整,以实现均衡分组,教师综合考量并确定最终分组。

二、科学组织,比赛有度

"运动教育模式"的整个运动季中,运动竞赛较多,学生参与竞赛的积极性和主动性较强,在竞赛中表现出勇于拼搏的体育精神。因此,体育教学竞赛往往是非常激烈的,这时需要注意的一个问题是,教师应注意对比赛激烈程度的把控,避免学生受伤。具体应做到以下几点:

①教师应传输正确的体育价值观,引导学生正确看待比赛成败,树立良好的比赛心态,坚决杜绝为了获胜而故意伤害对手的行为。

②教师在比赛前应清楚、详细地讲解比赛规则，要求学生严格按照比赛规则参与比赛。

③针对比赛期间学生可能出现的过激行为做好应急预案，并组织好安全处理工作。

④教师应在教学中重视体育健康、保健、卫生等技巧的传授，提高学生在比赛中的自我安全意识和自我保护能力。

三、科学管理，完善教学环境

"运动教育模式"要在体育教学中正常开展实施，需要提前做好课堂管理，为之后的体育教学活动管理和竞赛管理奠定规则意识基础。具体应做好以下工作：

①了解班级学生情况（性别、性格、运动经验、积极分子、有无特殊学生等），结合学生特点制定课堂教学管理规章制度。

②向学生介绍"运动教育模式"，让学生了解"运动教育模式"的指导思想、教学目标、教学特点等。

③采取丰富多样的教学手段与方法预先调动学生的参与积极性与运动兴趣，营造出适合"运动教育模式"的教学氛围，做好正式教学准备。

四、科学选择，明确运动项目

任何体育教学模式的实施都有其适用的体育教学内容，"运动教育模式"也不例外。"运动教育模式"不是万能的，有一些体育运动项目的教学活动是不适合"运动教育模式"的，因此，教师应对自己所教授的体育运动项目有充分的了解，以确定该体育运动项目是否适合采用"运动教育模式"进行教学。

参 考 文 献

[1]谢宾，王新光，时春梅.高校体育教学与运动训练研究[M].长春：吉林人民出版社.2021.

[2]王丽丽，许波，李清瑶.教育技术在高校体育教学中的实践探索[M].长春：吉林人民出版社.2021.

[3]于炳德.高校民族传统体育教学改革[M].哈尔滨：哈尔滨出版社.2020.

[4]刘汉平，朱从庆.我国高校公共体育课程教学的发展与改革探究[M].长春：吉林人民出版社.2020.

[5]温正义.高校体育教学与大学生体育实践能力培养研究[M].北京：北京工业大学出版社.2020.

[6]郝乌春，牛亮星，关浩.新时代背景下高校体育教学改革与发展研究[M].北京：中国商业出版社.2021.

[7]朱明江.新时代高校体育教学理论解析与模式创新研究[M].北京：中国水利水电出版社.2021.

[8]李慧.高校体育教学改革与科学化训练研究[M].沈阳：辽宁大学出版社.2019.

[9]徐杰，娄震."课程思政"视域下的高校体育教学研究[M].北京：九州出版社.2021.

[10]马顺江."互联网+教育"背景下高校体育教学创新思路研究[M].沈阳：辽宁大学出版社.2020.

[11]吴广，冯强，冯聪.高校体育管理体制与教学改革研究[M].北京：研究出版社.2020.

[12]朱海莲.普通高校特殊体育教育教学研究[M].杭州：浙江工商大学出版社.2020.

[13]邱天.高校体育创新思维的教学与实践[M].厦门：厦门大学出版社.2020.

[14]梁田.高校民族传统体育教学模式的创新性研究[M].长春：吉林人民出版社.2020.